興味ゼロの聞き手の心を動かし
味方にする話し方の極意

100% 共感プレゼン

NPO法人
e-Education代表
三輪開人

ダイヤモンド社

はじめに

「僕は正しいことを言っているのに、なんで動いてくれないんだ」

仕事でも私生活でも、長い間ずっとこう悩んできました。

上司と意見が衝突して仕事が進まない、妻と価値観の相違で喧嘩になる——。

もう、揉めたくない。いつもそう思っているのに、自分が正しいと思う意見を伝えると、相手が不機嫌になって対立が生まれてしまう。

身近な例だと、「犬派と猫派」という違い。犬と猫、あなたはどちらが好きですか。仮に犬が好きなら、猫好きの人に犬の魅力をどう伝えていますか。

実は、9割以上の人がこの伝え方を間違えます。猫派の人に向けて、いくら猫の欠点や犬の魅力を伝えても、それでは心が動きません。

そうではなく、猫好きの人の気持ちに寄り添い、犬にも猫と同じような魅力があると伝えること。聞き手の立場で共感できる言葉を選ぶことで、初めて心が動くのです。

「なんだ、それだけの話か」と思うかもしれません。

しかし、実際のプレゼンではこれが実践できていない人が本当に多いのです。

プレゼンだけではありません。家族や恋人との何気ない会話や、上司や同僚との会議、得意先との営業トークでも、同じような意見の対立や衝突は起こります。

その反省をもとに、聞き手が心を動かし、協力してくれるような話し方のコツを、僕は長年かけて身に着けてきました。それを「共感プレゼン」として、みなさんに紹介したくてまとめたのが本書です。


僕たちの生きる世界には無数の意見の対立があります。

今晩、何を食べるのか。3つある新規事業のうち、何を選ぶのか。100ある国家施策のうち、どれを実行するのか。

思い通りになることよりも、ままならないことの方が圧倒的に多い僕たちの世界では、どうしても対立が生まれやすい。そして、この対立は放っておくと分断へつながります。象徴的な例が、新型コロナウイルスによる世界の分断でしょう。

2020年に起こった新型コロナウイルスの感染拡大は、人々を、そして世界を大きく分断しました。各国のリーダーたちは、感染者数の増加を示しながら「Stay Home（家で過ごそう）」と繰り返しました。しかし、必ずしもリーダーの声が国民の行動を変えたわけではありませんでした。一方で、名もない人の声が外出自粛の徹底に役立つケースが多々ありました。

何が、人々の心を動かしたのか。

それは、データでも画期的なアイデアでもなく、張り詰めた声や流れ落ちる涙、「どうしても外出してもらいたくない」という話し手の切羽詰まった思いが、聞き手の心を動かしたのです。

ロジックで人の心は動きません。

強さや正しさだけで、人の行動を変えることはできません。1％でも違和感や反感を覚えたら、行動したくなくなる。それが人間なのです。

行動を変えてもらうには、聞き手に100％共感してもらうこと。

そのために必要なのは話し手が率直に明かす弱さや失敗の経験だっていいのです。

強さよりも弱さが、成功談よりも失敗談が、聞き手の心を揺さぶり、共感される。

これこそ、僕が経営者になって学んだ話し方の真髄です。

誰も、僕の話を聞いてくれなかった

僕はＮＰＯ法人e-Educationの代表として、途上国の子どもにより良い教育を届けるため、日々、寄付や協力のお願いをしています。

日本から遠く離れたアジアの片隅の、田舎に住む恵まれない学生を助けてほしい。

日本のビジネスパーソンにとっては、１ミリも興味のないテーマでしょう。

当然ながら、僕の話を聞く人もみなさん、最初は興味ゼロ。そんな厳しい状態で話を始め、少しずつ関心を勝ち取り、聞き手の心を動かして、話が終わる頃には１００％共感してもらい、「協力しよう」と行動に移してもらってきたのです。

それがこの7年間、僕の続けてきた仕事でした。

「正しいことを言っているのに、誰も話を聞いてくれない。動いてくれない」

繰り返しそんな壁に直面し、何度もつまずきながら、ようやく分かったことは、正しさや強さよりも、聞き手に共感してもらうことの重要性だったのです。


プレゼンの内容をガラリと変えていくと、今では数千の支援者に、僕たちの活動を応援してもらえるようになりました。ユニクロを展開するファーストリテイリングやリクルートホールディングス、パナソニックといった日本を代表する名だたる企業、さらには世界銀行なども、僕たちの活動に共感し、応援してくれています。共感を大事にしたプレゼンができなければ、きっとそれは不可能だったはずです。

２０１７年には、スタートアップや大手企業の経営者、幹部が集まる日本最大級のビジネスカンファレンス「ＩＣＣサミット」のプレゼン大会で優勝することができました。起業家にとって「プレゼンの天下一武道会」とも言われる影響力の大きな舞台で結果を出すことができたのです。

当日のプレゼンは、後日YouTubeでも公開され、２０２０年6月までに70万回以上再生されています。大会で優勝してから3年以上もたつのに、今でも多くの人が動画を見てくださっています。

共感でしか、世界の課題は解決できない

世界には、自分一人の力では解決できない問題にあふれています。状況を良くするには、少しでも多くの人に応援や協力をしてもらわなくてはなりません。そのためには聞き手の心を動かし、仲間になってもらう必要があります。聞き手が話に興味を持ち、心を揺さぶられ、そして協力したくなる——そんな「共感プレゼン」が、どうしても必要なのです。

新型コロナウイルスの感染拡大以降、僕たちは人類史上でも稀に見る困難に直面しています。パンデミックによって、これまで世界が内包してきたあらゆる社会課題が鮮明に浮かび上がってきました。貧富の差、人種差別、そして米中に象徴される国家間の緊張……。世界は混乱の渦中にあります。

しかし、どんな困難な問題であっても解決する方法がたった一つだけあります。あなたがまず、隣の人と手を取り合うこと。意見の異なる人の話に耳を傾け、相手の立場に立って物事を考えること。つまり共感することです。

そこからしか、僕たちはより良い世界をつくることはできません。

合理性や全体最適だけを理由に意思決定をするのなら、この先は人間よりもＡＩ（人工知能）の方が正確な判断ができるでしょう。では人間がこの先、豊かに生きるために必要なことは何かというと、それは他者とつながることです。

互いに支え、寄り添い、感情を分かち合うこと。つまりは共感こそが、ＡＩに代替されない人間の最大の武器なのです。

大切な人が力になってくれる

僕が本書で伝えたいのは、単なるプレゼンのテクニックではありません。

仕事でも私生活でも、自分の思いを相手の心に届くようにきちんと伝えられるようになること。

口下手でも人見知りでも大丈夫。

あなたのそのままの個性で、聞き手が理解し、共感してくれる伝え方や話し方の極意を、本書に詰め込みました。


人前で話すことが苦手。営業トークに自信がない。夫婦関係がうまくいかない。

そんな課題を抱えている人が、共感プレゼンを知ることで、自分らしく生き生きと人とつながるようになること。

共感を通して、ありのままの自分で周囲に受け入れられ、大切な人たちがあなたの力になってくれるようになれば、これほどうれしいことはありません。

共感が、あなたの未来を変える大きな武器となりますように。

では、始めましょう。

二〇二〇年七月

三輪　開人

第1章

人生のどん底で紡いだ「共感プレゼン」

赤っ恥、離婚、部下の離反、営業連敗……

第2章

〝私たちごと〟を生みだす「共感シナリオ」

目指すはオバマ前米大統領の伝説のプレゼン

第4章

弱みをさらけ出して味方にする「共感トーク」

最強ではなく最愛の存在に、ルフィの人間力が教科書

第5章

繰り返して五感に刷り込む「共感トレーニング」

誰よりも練習をしたイチローの背中に学ぼう

終章

プレゼンは誰のために

これからの時代に必須の「共感」というスキル

第1章

赤っ恥、離婚、
部下の離反、営業連敗……

人生のどん底で紡いだ「共感プレゼン」

「結婚式の費用について、相談があるの」

2016年4月、入籍して1カ月ほどたったある日の夜、妻が深刻そうな表情で話しかけてきました。

「実は、このままだと結婚式が開けないかもしれないの……」

式場はもう決まっていました。しかし、想定より費用がかかることが判明して、妻は不安を感じたようでした。

当時の僕は、NPO法人の経営者になって3年目。日本人のフルタイムスタッフが3人から5人に増えた時期で、お世辞にも満足な稼ぎがあるというわけではありませんでした。

それでも、経営者としてお金とどう向き合うべきかは徐々に分かってきていました。予算オーバーの対応策は2つ。コストを下げるか、稼ぎを増やすか。

今こそ、仕事で学んだことを私生活に生かすチャンスだ。

即座に頭を仕事モードに切り替え、想定されるコストと、切り詰められる項目を整理。同時に自分の収入を増やす副業の計画も練り上げました。

「料理は一番コストカットできるね。遠方から呼ぶ人を少なくすれば交通費もそんなにかからない。となると、やっぱり人数を減らすしかないかな。もし人を減らせないなら、僕が副収入を増やすこともできそうだよ。ちょうど今、プライベートで新しい依頼をもらっていて、1カ月ほど追加で海外出張すれば、なんとか稼げそうだよ」

資料を片手に、こう妻にプレゼンしました。仕事と同じ要領で、悲観的になりすぎず、今できる最善策を伝えて、一つひとつ丁寧に説明していったのです。

きっと喜んでもらえるに違いない。頼りがいのある夫だと思ってもらえるだろうという淡い期待もありました。しかし、そんな予想は完全に外れました。

妻は急に顔を曇らせ、悲しそうな表情でこう訴えてきました。

「なんでそんな冷たいこと言うの？　あなたが1カ月も海外出張を増やしたら、結婚式の準備はどうするの？　私一人でやるの？」

とても困惑しました。どこが冷たかったのか、全く分かりません。海外出張を増やすのも、彼女の希望を叶《かな》えてあげたいからです。

的確な提案をほめてもらえるどころか、なじられたような気がしてカッとなった僕は、「どこが冷たいんだよ！」と声を荒らげてしまいました。一度たかぶった感情はなかなか収まらず、口論はその日の深夜まで続きました。

翌朝、目が覚めて最初に思い出したのは「あなたは結婚式のこと、全然手伝う気がないのね」と涙まじりに訴えた妻の顔です。

反論したい気持ちは山ほどありましたが、これ以上口論はしたくないと思い、結婚式を手伝う気があることを行動で示そうと、頭を切り替えました。


それからは、仕事を終えると深夜までカフェにこもって調べ物の日々。結婚式の段取りを整理し、どうしたら質を下げずにコストを抑えられるのか徹底的に調べました。席次表や席札は手作りにすれば安く収まるようだ。動画制作の経験もあったので、映像も自分たちで作ればコストを抑えられる……。

「よし、これならいける！」と、一つひとつの作業をエクセルに落とし込みました。

そしてついに、ゲストリストの作成から結婚式二次会の進行まで、全タスクを251個に細分化した『結婚式ToDo管理シート』が完成しました。全タスクに完了予定日と見積もりを入力し、僕が海外出張で1カ月不在にしている間も、滞りなく式の準備が完遂できるようにしました。完璧でした。

「大変な調べ物の日々も、いつかはいい思い出になるんだろうな」

意気揚々と家に戻り、早速、妻に渾身のプレゼンを披露しました。

きっと彼女は満面の笑みで喜んでくれるに違いない。そう、期待しながら。


しかし、プレゼンを終えた僕が見たのは、妻の頬をつたう一筋の涙でした。

「あなたは、本当に私のことを何にも考えてくれていないのね」

いつから泣いていたのかも分からずに困惑する僕に、彼女はこう続けました。

「私はアドバイスがほしかったわけじゃない。不安な気持ちを知ってほしかったの。ここ最近あなたの帰りが遅いのを、私がどんな気持ちで待っていたか分かる？」

返す言葉もありませんでした。僕は結局、自分の言いたいことを伝えただけで、妻の気持ちには全く寄り添えていなかったのです。

この事実に気がついたのは、妻と別れた後のことでした。

足りないのは「共感」だった

離婚した数カ月後、僕は日本最大級のビジネスサミットICCパートナーズの主催する「カタパルト・グランプリ」で優勝しました。起業家たちの間で「プレゼンの天下一武道会」とも言われる大会で優勝した当日の動画は、後日YouTubeでも公開され、2020年6月までに70万回以上再生されています。

「三輪さんのプレゼンに心から感動しました！」

大会で優勝してから3年たった今でも、動画を見てくださった人からこんな感想をいただくことがしょっちゅうあります。

妻の気持ちに寄り添えずに泣かせてばかりだったダメ男が、なぜ一度も会ったことのない人の心を感動させられたのか。

変わったところはたった一つ、「共感」、これだけです。


感動するプレゼンには、例外なく聞き手の「共感」が生まれています。

プレゼンを構成する要素は、たったの4つしかありません。

シナリオ、スライド、トーク、そしてトレーニング。

この4つをそれぞれ工夫し、聞き手の心を揺さぶり、実際に協力してもらうこと。

そんな「共感プレゼン」が実践できるようになることが、本書のゴールです。

聞き手が興味を持ち、心を動かし、そして実際に協力する「共感プレゼン」。

このメソッドが誕生するまで、僕は何度も涙を流し、痛くて恥ずかしい経験を繰り返してきました。

そこでここからは、「共感」を生むことができず、仕事も私生活もうまくいかずに苦しんだ僕の物語を紹介します。共感不足のせいでたくさん挫折したからこそ、どん底で「共感」の必要性を腹の底から感じることができました。
シナリオ、スライド、トーク、そしてトレーニング。
人生のどん底で、僕は何を学んだのでしょうか。では、始めましょう。

中学時代の赤っ恥スピーチ

あなたは、人生最初のプレゼンを覚えていますか。それは楽しい思い出ですか。

僕は今でもハッキリと覚えています。中学2年生の秋、生徒会長になって初めて全校集会で行ったスピーチです。ここで大失敗し、それから10年以上、悪夢のような経験を引きずることになりました。

僕の故郷は静岡の田舎町。全校生徒は約200人で、1学年1～2クラスという小さな中学校でした。当時、生徒会長は先生の推薦で決まっていました。僕は多少勉強ができて野球部のキャプテンだったこともあり、担任の先生から、生徒会長になってみないかという打診を受けました。

運動会や文化祭で少し忙しくなることはあるけれど、基本的な役割は毎週月曜の朝に全校集会で短いスピーチをするだけ。大した負担はないと聞き、深く考えずに引き受けました。しかし、このスピーチが僕にとって悪夢の始まりだったのです。

生徒会長になって最初の月曜。

全校集会でいざ200人の生徒を目の前にすると、全身に緊張が走りました。野球のバッターボックスで味わうそれとは全くの別物です。先輩に後輩、顔も名前も知らない人の視線が、まるで銃口のように僕に向かっています。

「みなさん、おはようございます」

誰も返事をしてくれません。いつも仲のいい友人も黙って見ているだけで、僕は一気に緊張が高まりました。そして最前列に座っていた先輩の女子生徒と目が合った瞬間に、頭の中が真っ白になったのです。

「っ……」

言葉が出ず、時間が止まります。

5秒、10秒、15秒……。時間がたつにつれ、雑談していた生徒も会話をやめ、心配そうに僕を見つめています。1分の静寂――。人生で最も長く感じた1分でした。このシーンはそれから何度も夢に出てくることになります。まさしく悪夢でした。

失敗で学んだ練習の大切さ

人生初のプレゼンが大失敗に終わった日、僕は家に帰るとすぐに部屋にこもり、声を殺して泣きました。過去に戻って同じ日をやり直したい――。あの時ほどタイムマシンがほしいと思ったことはありませんでした。

もちろん時間が戻ることはなく、あっという間に日曜になりました。次の全校集会が間近に迫ってきたのです。

仮病で学校を休むことも考えましたが、それでは前回の失敗に懲りて逃げたことが明らかです。友達にもバカにされそうなので却下しました。

「今からインフルエンザにかからないかな」「肘を痛めたり骨折したりしないかな」あれこれ考えましたが、妙案は思いつきません。時間ばかりが過ぎ、いよいよ日曜の夜になりました。

こんなムダな妄想をしているくらいなら、もう腹を括ってスピーチの練習をすべきなんじゃないか。

そう思い直して、月曜に話す内容をノートに書き出しました。そして、繰り返し声に出して練習し始めたのです。たかだか3分のスピーチでしたが、この日はほとんど寝ずにトレーニングを重ねました。

そして翌日。野球の練習試合で勝った話をして、何とか全校集会を乗り切りました。しかし、来週も同じネタを使うわけにはいきません。スピーチを終えてホッとしたのもつかの間、翌週に向けてネタ探しを始めます。それはもう終わることのないマラソンでした。

赤っ恥と場数こそ上達への道

「練習でできないことが、本番でできるはずがない。本番で力が出せる人は、練習に本気で取り組んでいる人しかいない」

この言葉は、中学時代に野球部の監督からもらった言葉でしたが、僕は部活ではなく、毎週月曜のスピーチで、この言葉の意味が腑に落ちました。

そして、やりきりました。毎週月曜、一度も休むことなく、苦手なスピーチと戦い抜いたのです。

スピーチを続けた1年間は、赤っ恥の連続でした。

ある時はステージに上る途中で転んだり、制服のボタンをズレて留めていたり。笑いを取ろうとして盛大に滑ったこともあれば、声が裏返ったことは一度や二度ではありません。話の途中で頭が真っ白になって言葉が出なかったことも、その後も繰り返し経験しました。

失敗する度に月曜は猛烈に後悔し、もう二度とスピーチをしたくないと落ち込みます。しかし火曜には気を取り直してネタを探し、日曜の夜になると練習を繰り返していました。そして翌朝は寝不足で全校集会に挑む。

そんな1週間を繰り返していると、少しずつ、本当に少しずつですが、失敗が減っていったのです。

あれから20年。人前で話すことはもう日常の一部になりました。

200人を超える大人数を前に話す時は今も緊張しますが、プレッシャーにも随分と慣れました。失敗もお手のもの。プレゼン中に頭が真っ白になっても、もう死にたくなることはありません。

「本番と練習の場数、そして赤っ恥の経験がすべて」

プレゼン上達のコツを聞かれると、僕は決まってこう答えています。

本番では成功するより失敗する方が多いものです。どんなに練習しても緊張は消えませんし、慣れるには相当の場数をこなす必要もあります。悪夢のような失敗に傷つくこともあるでしょう。

それでも、自分で経験した赤っ恥体験が練習のモチベーションになって、真剣に学ぼうとするのです。本番と練習の場数、そして失敗の経験こそ、プレゼンの土台を支えてくれます。

中学時代の赤っ恥スピーチを通して、僕はプレゼンに向かう心構えを学びました。

もちろん、数さえこなしていればプレゼンが上達するというわけではありません。それでも基礎体力を維持するにはトレーニングを重ねるしかなく、失敗の数が多いほど次の成長につながるのです。これを経験できたのは大きな収穫でした。

学生時代に学んだのは、プレゼンを磨く土台となるトレーニングの重要性です。

一方で、プレゼンに共感してもらうためのワザは、社会に出た後の苦い経験を通して学びました。

社会人初のプレゼンで半分が居眠り

大学卒業後、僕は独立行政法人国際協力機構（ＪＩＣＡ）の職員になりました。配属先は大阪国際センターの市民参加協力課。関西の国際協力の窓口として、青年海外協力隊を募集したり、国際協力を広く知ってもらう啓発活動をしたりする仕事です。

ここで初めて一人で担当した仕事が、大阪にある私立大学の講義でした。国際協力をテーマに、大学1～2年生に向けてＪＩＣＡの職員が1コマ講義をするのです。

前任者は海外駐在経験のあるベテラン職員で、僕との経験は雲泥《うんでい》の差。それでも期待を寄せてくれる大学や国際協力について初めて知る大学生に、有益な学びの機会を提供したい。そんな思いで、講義の準備を進めていきました。

最も注力したのがプレゼンのスライド作りです。先輩から引き継いだスライドをベースに、自分なりのアレンジを加えていきました。

まずは補足説明を追加。万一、うまく話せなくても、学生が資料を見返せば理解できるよう、できる限り多くの情報をスライドに詰め込みました。1シートの平均文字数は50字以上。物足りないと思われないよう、どんどん情報を盛り込みました。

文字のフォントやカラーもなるべく豊富で色鮮やかに。学生が親しみを持てるように手書きフォントやマンガ風のフォントをふんだんに使いました。その上で、退屈させないようアニメーションや画面切り替えを多用し、動きのあるプレゼンを目指したのです。

こうして完成したスライドには、自分なりの工夫がギッシリと詰め込まれました。

知識欲の高い学生の期待に応えるには十分な情報量と、勉強が苦手な学生でも親しみを覚える多様なフォント。そして驚きを与える動きのあるアニメーション……。納得のいく出来栄えでした。

「きっと満足してくれるに違いない」

情報たっぷりのスライドを携えて、講義に挑みました。

中学時代のように頭が真っ白になることは、もうありませんでした。言葉に詰まることもなく、慣れない言葉も噛《か》まずに言い切ることができました。大きな進歩です。


しかし、結果は惨憺《さんたん》たるものでした。

授業を受けた学生の半数近くが途中で眠り、最後の質疑応答では誰からも手が挙がりません。白けた空気が漂う中で、僕は独り言をつぶやくように授業を締めくくり、用意したスライドをそっと閉じました。

「このままじゃ終われない。何が悪かったんだ……」

渾身の内容にもかかわらず、聞き手の半数近くが眠ってしまった。猛烈な悔しさで、僕は話しかけやすそうな学生をつかまえて、正直な感想を聞いてみました。

「ぶっちゃけ、スライドがゴチャゴチャしていてさっぱり意味が分かりませんでした」

一番自信のあったスライドが、一番ダメだったのです。

話し手が主、スライドは従

学生のひと言があまりに悔しく、講義を終えた日の夜、僕は大学時代の友人に電話しました。「今からパソコンを開いてくれ」と頼み、この日のスライドを見てもらったのです。スライドの狙いや工夫を一通り説明し、どこが悪かったのかと聞きました。

「全部だよ。これじゃ、俺たちが嫌いだった大学の授業と全然変わらないじゃん」

ハッとしました。

教室の後ろから見ると読めないほど小さくて膨大な文字。文字のフォントやカラーが多くて目はチカチカするし、アニメーションに目を奪われて肝心の内容が頭に入ってこない……。大学時代、授業で「さっぱり分からない」と感じていたスライドそのものだったのです。

抜本的に見直そう。そう決断して、初めてプレゼンの本を購読し、アメリカの有名なTEDトークなどの素晴らしいプレゼンで、どんなスライドが使われているのか調べ始めました。

が、研究は一瞬で終わりました。僕のこれまでのやり方は、すべて間違っていたと気づいたからです。

スライドの文字は少ない方がいい。文字のフォントとカラーも少ない方がいい。アニメーションや画面切り替えはなくていい。僕が感動したTEDトークのプレゼンは、一つの例外もなくシンプルなスライドばかりでした。

スライドの意義についても誤解していました。

僕は必死になってスライドを作っていました。しかし、プレゼンの主役は話し手であって、スライドはあくまで話を補完する脇役にすぎません。

それにもかかわらず、自信がないため、ついスライドにプレゼンの主たる役割を押しつけ、話すことから逃げていたのです。うまく説明できない不安を文字量でごまかし、飽きられる懸念を文字のフォントやアニメーションでごまかす。改めて見返してみると、僕の自信のなさがスライドから透けて感じられました。

情報を盛り込むのではなく、物足りないと感じるくらいシンプルなスライドの方が、聞き手の興味をそそることができる。情報が足りないからこそ、そこに人の意識が向かい、想像力が働く。「共感」を生み出すには、この余白が欠かせない。

そう気づいた僕は、スライドをゼロから作り直しました。

大幅に情報量を減らしてみると、プレゼンの感触は劇的に良くなりました。翌年、同じ大学の講義では、一人も眠ることなく、たくさんの質問が集まったのです。

代表交代で応援者がどんどん離れた

ここで僕が代表を務めるNPO法人e-Educationついて少し紹介させてください。

e-Educationは、「最高の教育を世界の果てまで」というミッションを掲げ、バングラデシュをはじめとした途上国の貧しい高校生に映像授業を届けて、彼らの大学受験や高校卒業試験の突破を応援しています。

創業は2010年2月。僕が大学4年生の頃、大学の後輩である税所篤快《さいしょあつよし》くんとバングラデシュで出会ったことからスタートしました。

当時の僕はバングラデシュでバッグを作るマザーハウスという会社でインターンをしていました。同じ時期、税所くんは貧しい人のための金融機関であるグラミン銀行でインターンをしていたのです。同じ大学、同じ国、そして同じインターンという立場で、境遇がとても似ていました。

彼も僕も東進ハイスクールのおかげで大学に進学することができたという経験もあってすぐに意気投合。かねて彼が温めていた「東進モデルでバングラデシュの教育格差をなくしたい」というアイデアに僕が心から共感し、e-Educationが誕生しました。バングラデシュから帰国してＪＩＣＡの職員になった後も、僕は税所くんを支える副代表として、e-Educationの活動をサポートしていました。

転機が訪れたのは２０１３年。世界各国に広がるe-Educationの活動に全力を尽くしたいと考え、僕はＪＩＣＡを退職。ちょうど海外の大学院に進学する税所くんと交代する形で代表に就きました。

しかし、ここからが悪夢の始まりでした。

「いい活動をしていることは理解できます。でも、協力したいとは思えません」

e-Educationの活動を応援してほしいという思いが届かず、税所くんが代表だった頃に協力してくれていた方々が、立て続けに離れていったのです。

心を揺さぶるのは「自分の物語」だけ

僕が代表に交代した途端、それまで協力してくれていた人たちが離れていった。「三輪だと応援できない」と言われているようなものです。税所くんと比べて僕の実力不足や魅力不足を突きつけられているようで、とても残酷です。つらく悲しく、そして重苦しい時期が続きました。

税所くんは高校時代に偏差値28の〝落ちこぼれ〟から、東進ハイスクールに出合い、早稲田大学に奇跡の合格を果たしました。大学生活が始まってすぐに失恋し、そのショックから「世界一すごい人になる！」とノーベル平和賞を受賞したムハマド・ユヌス博士に弟子入りするためにバングラデシュへ。これだけでもおもしろい経歴です。僕も彼の生き様が大好きで仲間になったわけですから、彼に魅了されて、応援したいと考える人の気持ちはよく分かります。

ただ、僕だって自分の力を最大限生かしてe-Educationを大きく育てたいと考えていました。税所くんが積み上げたものをつないで大きく育てたい。そんな思いで彼のプレゼンを完全にコピーし、同じように物語を語れるようになりました。

それなのに、応援者はどんどん減っていったのです。困り果てた僕は、尊敬する先輩経営者にプレゼンの感想をもらうことにしました。

「このプレゼンって税所くんのストーリーだよね。三輪くんの物語にはなんで触れないの？　三輪くんから見たe-Educationを、僕は知りたいんだよね」

衝撃を受けました。

それまで僕は、税所くんの語っていた創業物語を通してe-Educationの活動内容をプレゼンしていました。税所くんが代表を務めていた頃はそれが好評だったからです。

ただ、僕にも途上国の田舎で暮らす高校生を応援したいと考える自分なりの強い思いがありました。僕も田舎の出身で、東進ハイスクールのおかげで大学に進学できたため、バングラデシュの学生の境遇に強く共感できるのです。東進ハイスクールが大好きなあまり、大学4年間はアルバイトとして、幸運にも林修先生のアシスタントを務めていたほどです。僕だけの物語は、確実に存在していました。

聞き手が心を動かされるのは、話し手である僕自身の物語だったのです。単に感動的な物語を話すだけで、聞き手が心を揺さぶられるわけではありません。

目の前の話し手が、その人にしかできない「私の物語」を語ること。誰かの話ではなく、話し手と聞き手が一体感を持てる「私たちの物語」を共有すること。それが、かつての僕のプレゼンには決定的に欠けていたのです。

税所くんの物語ではなく、僕の物語を自分の言葉で語るようになると、以前よりもはるかに聞き手が共感してもらえる機会が増えました。そして少しずつ寄付者や協力者が増えていったのです。

中学の赤っ恥体験を通してトレーニングの重要性を学び、社会人1年目の悲惨な講義経験から、余白のあるスライドこそ共感を生むと知りました。e-Educationの代表交代を通して、「私の物語」や聞き手と一体感を持つ「私たちの物語」が聞き手の心を揺さぶるということも学びました。

ただ、それでもまだ僕のプレゼンには決定的に欠けているピースがありました。

それを学んだのは、どんな会社でも起こり得る、しかし僕にとって最もつらかった経験を通して、でした。部下が次々に離れていったのです。

「強さ」や「正しさ」で人は動かない

「もう一生、三輪さんの顔は見たくありません」

僕が代表に就いて数カ月した頃、半分近い仲間が団体から去っていきました。14カ国に広がっていたe-Educationの活動国を、半分以下に縮小する決断を下した時のことです。

活動国を減らした理由は単純で、14カ国で活動するだけの資金がなかったため。代表が交代した直後だからこそ、これまでのやり方で見直すべきところは修正しよう。そう考えて経営に必須の「選択と集中」を実践しました。

しかし、この「選択」から外れてしまう人にとっては最悪の意思決定でした。

当時、各国で活動していたのは日本の大学生。半年から1年近く大学を休み、貯金を崩して各国で挑戦する彼らを最後まで応援できないことは非常に悔しかったです。

ただ、かといって14カ国で活動するほどの余裕はありません。苦渋の決断ではありましたが、「一生顔を見たくない」と言われても仕方はありません。だからこそ僕は、彼らの言葉に顔色ひとつ変えず、強く正しいリーダーであり続けようとしました。

職場の空気が悪くなっていったのは、そのすぐ後のことでした。僕は結果を出そうと必死になり、残った仲間にどんどん強い口調で指示するようになっていったのです。

「締め切りに間に合わない？　あり得ないでしょ。完成を楽しみにしている生徒はどうなるの？　彼らの期待を裏切っていいの？」

「体調が悪い？　どうして早く報告しなかったんだよ。あと1日早く言えば代理を用意できたのに……。もっとリスク管理の意識を持ってくれよ」

途上国の高校生のためにできることは何でもやる。徹底的にやる。そのためには強くて正しいリーダーにならないといけないんだ。こう自分に言い聞かせるほど、仲間との心の距離は離れ、僕のもとを去っていく仲間の数も増えました。

転機が訪れたのは、社会起業家を支援するNPO法人ETIC．の主催する「社会起業塾イニシアティブ」の最終プレゼンでのこと。先輩のNPO経営者から「活動国を削った話、全然人間味が感じられなかった。悔しくなかったの？」とコメントをもらいました。

当時の僕にはこの言葉がとてもつらく、気づいたら嗚咽《おえつ》をもらしていました。

「悔しいに決まってるじゃないですか！　仲間の夢を潰して……謝りたくても……もういなくなったから謝れなくて……せめてみんなの期待を超える成果を出そうと決めたのに……一人で空回りして。仲間はみんないなくなって……」

泣きじゃくりながら反論したので、周りの人はほとんど聞き取れなかったはずです。

あんなに泣いたのは、人生で初めてだったかもしれません。ぐしゃぐしゃの顔で舞台袖に戻ると、インターンの大学生たちが僕と同じように泣きながら待っていました。

彼らの表情を見ると、代表就任からずっと張り詰めていた緊張の糸が切れました。

彼らの前で崩れ落ち、泣きながら繰り返し力不足を詫びました。

「三輪さんの力不足だなんて思ったことは一度もありません。でも、悲しかったです。三輪さんが不安や悩みを僕たちに打ち明けてくれなかったことが、すごく悲しく悔しかったです」

仲間が去り、極限まで追い詰められて弱さをさらけ出した時、僕は初めて仲間と心を通わせ、そして仲間の心もまた動いたのです。

人を動かすのは「弱さ」と「謙虚さ」

たくさんの仲間が僕のもとを去っていきました。何が足りなかったのか、今では明確に分かります。

一つは「弱さ」をさらけ出す勇気です。あの頃、仲間たちは活動国を削る僕の意思の強さを見たかったわけではありません。それよりもつらい決断を下さざるを得なかった僕の迷いや苦悩、弱さを素直にさらけ出してもらいたかったはずです。弱さも含めた、ありのままの僕の言葉でしか、仲間の心は動かせなかったはずです。それなのに僕は大きな勘違いをしていました。

失敗や間違いを認める「謙虚さ」も共感を生みます。自分の考えは間違っていないんだと議論に勝とうとするよりも、自分が間違っていたかもしれないと謙虚に認めた方が、結果的に相手の心は動き、物事は前向きに進み出します。

当たり前に聞こえるかもしれないけれど、弱さをさらけ出したり、間違いを認めたりすることはとても勇気のいることです。僕自身、今でも身構えてしまいます。

ただ、超えられない壁ではありません。

それも、最近分かってきたことがあります。

自分が先に弱さをさらけ出すと、相手も身構えることなく、自然体で話を聞いてくれるのです。その方が確実に僕の言葉は響き、共感が深まっていきます。

「強さ」や「正しさ」は経営者として、そして人間としては大切な要素です。

ただ、もし人の心を揺さぶり動かしたいなら、むしろ「弱さ」や「謙虚さ」を意識した方がいい。これが今、僕が大事にしている共感プレゼンの最大のコツです。

ロジックではなく共感を

離婚につながった妻との口論や、中学時代の赤っ恥スピーチ体験、学生が寝るほどつまらなかった大学でのダメ講義、そして自信のなさから誰かの物語を語った「顔なしプレゼン」、強さを仲間に押しつけようとしたミスコミュニケーション……。

今振り返っても情けない失敗ばかりです。しかし、そこから得た学びが「共感プレゼン」には凝縮されています。

もし、この中で何か一つでもあなたが共感するエピソードがあったなら、あなた自身の中にある悔しさやつらさを思い返しながらさらに読み進めてもらいたいのです。「あの時、どうすればよかったのか」という問いで、過去を変えることはできません。

しかし未来をより良くするヒントにはなるはずです。

シナリオ、スライド、トーク、トレーニング。
プレゼンを構成する４つの要素に、どのように「共感」を誘う工夫を盛り込むのか。
あなたが関心のある部分から読み進めてみてください。

ロジックではなく、共感で人を動かそう。
心の準備はできたでしょうか。
では、「共感プレゼン」を学んでいきましょう。

「感動のプレゼンテーションe-Education」
https://youtu.be/7fGdwBd_Yuk
プレゼンの天下一武道会と呼ばれる「ICC FUKUOKA」の「第一回カタパルト・グランプリ」で優勝した時の動画は、2020年6月までに70万回以上再生されている。

第2章

目指すはオバマ前米大統領の
伝説のプレゼン

“私たちごと”を
生みだす
「共感シナリオ」

シナリオ

A

突然ですが、次の2つの文章を比べてみてください。

「アジア最貧国であるバングラデシュは、都市部と農村部で大きな教育格差があります。特に大学受験の結果には顕著な差があり、予備校が無数にある都市部の高校生と比較して、学習環境に恵まれない農村部の高校生が大学に進学するのは、非常に難しい状況です。私たちe-Educationは、この教育格差を是正するため、映像教材を活用した教育支援の活動をしています。具体的には東進ハイスクールのモデルを参考に、有名な予備校講師の授業を映像に収録してDVD化し、大学進学を考える農村部の貧しい高校生に届けています。この活動をもっと広めるために、ぜひ応援してもらえるとうれしいです！」

シナリオ

B

「私の故郷、静岡の田舎町には予備校がなく、私は東進ハイスクールの映像授業のおかげで大学に進学することができました。この体験が、e-Education の活動につながっています。アジア最貧国であるバングラデシュの農村で、自分と同じような環境の高校生に出会いました。都市部の同世代に劣等感やコンプレックスを抱きながら、それでも夢を諦めず、大学進学を必死に目指す高校生たち。彼らの夢をどうしても応援したくて、有名予備校講師に協力してもらって、東進ハイスクールのように映像授業を届けています。私は大学受験で人生が変わりました。みなさんにとって、人生の転機はいつでしたか？　今この瞬間も必死に勉強する若者を一人でも多く応援したく、どうか力を貸してください！」

どちらの文章の方が響いたでしょうか。
内容自体はそこまで変わりません。物語の切り口をほんの少し変えただけです。
しかし、結果は大きく変わりました。

Aのようなプレゼンをしていた2014年、僕の話を聞いて寄付してくれた人はほぼゼロでした。一方、Bのように話すようになって、以前よりもはるかに多くの聞き手に僕たちの活動に共感してもらえるようになり、寄付もどんどん増えていきました。

AからBに自力で改良できたわけではありません。

参考にした人がいます。それがアメリカのバラク・オバマ前大統領です。

2004年、まだ州議会議員だった彼が、演説を通じてアメリカ全国民の心をつかんだ伝説のプレゼン。「オバマを大統領にしたスピーチ」に大きなヒントを得たのです。

そこには、「共感プレゼン」に欠かせない「私」「私たち」「今」という3つの物語が詰まっています。

本章では全米を動かしたオバマ前大統領をお手本に、無関心な聞き手の興味を引き、心を動かし、協力してくれるようなプレゼンのストーリー「共感シナリオ」の作り方を解説します。

いいシナリオは企画書から

プレゼンはシナリオ、スライド、トーク、トレーニングという4つの要素から成り立っています。

もしあなたがプレゼンをすることになったら、まずは何から手をつけますか。

僕は、迷わず「シナリオ作り」から始めることをお勧めします。理由は、シナリオこそプレゼンの基盤になるからです。どれだけきれいなスライドや流暢《りゅうちょう》なトークができても、シナリオが良くなければ聞き手の集中力は続かず、共感は生まれません。

ドラマや映画と同じです。素晴らしいロケ地と豪華な俳優をそろえても、展開がつまらなければ途中で飽きてしまいます。「ストーリーは退屈だけど名作だ」なんていうヒット作は、これまで見たことがありません。逆に俳優やロケ地はうろ覚えでも、素晴らしい作品はいくつもあります。これは、プレゼンにも当てはまります。

スライドが下手でトークが途切れ途切れでも、物語の骨格となるシナリオさえしっかりしていれば、そのプレゼンは聞き手の記憶に残り、共感を生みだす可能性は十分にあります。だからこそ、まずはシナリオ作りから始めるべきなのです。

では、あなたは普段どのようにシナリオを作っていますか。

こう聞くと、多くの人がそれぞれのシナリオ作りの工夫を教えてくれます。しかし待ってください。それは映画製作で例えると「脚本」の話ではありませんか。

その前に作るべきなのは、実は「企画書」です。映画の目標収益はいくらなのか、ターゲットは誰なのか、その映画にどんな思いを込めるのか。こういった前提抜きに脚本を書き始めてもいい映画は作れません。

プレゼンにおけるシナリオ作りでも「目標」と「聞き手」、そしてプレゼンで何を達成したいのかという話し手の「意思」という3つを考えずにシナリオを作っても、共感は生まれません。

いいシナリオは、いい企画書から生まれる。

当たり前に聞こえるかもしれませんが、この作業を飛ばしている人が非常に多いのです。そこでシナリオ作りに入る前に、少しだけ企画書作りについて説明しましょう。

1 共感の先にある「目標」は何か

「日本人には目標設定力が足りない」

以前、国際機関で働く海外の友人から、こんな指摘を受けたことがあります。日本人は、一度決めた目標を達成する力は世界トップクラスだが、自分でゼロから目標を設定することは苦手だ。こう言われてドキッとした人も多いのではないでしょうか。

プレゼンでも目標設定、つまりゴールを決めていない人をよく見かけます。美しいスライドも流暢なトークもあくまで手段でしかありません。ゴールは聞き手に共感してもらい、行動してもらうこと。この目標がないなら、プレゼンをする意味はありません。

「商品の良さを知ってほしい」「私たちの団体を好きになってほしい」といった抽象的な目標もダメです。そうではなく「商品を買ってもらう」「1000円の寄付をしてもらう」といったように、できるだけ具体的な目標を設定しましょう。

あなたはプレゼンが終わった時、聞き手にどんな行動を期待しますか。具体的な目標なしにプレゼンが良かったかどうかは判断できません。

2 共感してもらいたい「聞き手」は誰か

僕はよく「プレゼン＝プレゼント」とたとえます。好きな異性や大切な家族にプレゼントを渡すシーンを想像してみてください。受け取った相手が喜び、気に入ってくれたらうれしいですよね。

プレゼンも同じです。相手が喜んで、自分が渡したものを気に入ってくれる。そんなプレゼンをするには、何に気をつけるのか。僕はシナリオを考える時、届ける相手の顔を思い浮かべるようにします。

シナリオ作りでは、自分よりも相手のことを考えること。

そもそも自分の好きなものが、相手も好きだとは限りません。そんなことは分かっているよと思うかもしれませんが、実際のプレゼンでは意外と自分の好きを押しつける人が多いのも事実です。

好きな女性がバッグをほしがっていて、赤色のバッグをプレゼントしたら、実は青色の方が好きだった、というすれ違いは簡単に起こり得ます。それにもかかわらず、プレゼンではなぜか相手のことをつい忘れてしまうのです。

値段を気にしていない人に、価格がいかに他社より安いかを訴えたり、アフリカに興味のある人にアジアの課題を説明したり……。説明を重ねるほど、小さなズレはどんどんと広がり、心の距離が遠のいていくというケースは少なくありません。

伝えたい軸はしっかり持ちながらも、必ず聞き手のことを考えること。相手は学生なのか、社会人なのか、どんなことに関心を持っているのかを常に意識しましょう。

「誰か」ではなく「あの人」に、という考え方も大切です。

大学生を相手にプレゼンする機会があるとします。あなたは一体、どんな聞き手を想像しますか。ひと言で大学生といっても、学年が違うと彼らの関心は大きく異なります。以前、大学で「国際協力論」という講義をしましたが、1年生はなんとなく関心があって参加し、3年生や4年生は将来の働き方や就職先を考えるために出席していました。同じ就活中の学生でも、国際協力を選択肢の一つとして考える人と、どうしても国際協力の世界で働きたい人では聞きたい内容が違うはずです。

時間が十分にあれば、すべてのニーズに応えることもできますが、全体を満遍なく網羅すればいいというわけでもありません。万人に受けるプレゼンは存在しません。「すべての人に興味を持ってもらうことは諦める。中途半端になるくらいなら、誰か一人の心に深く響くプレゼンを」

僕はそう考え、「一番大事な一人」を常に想像するようにしています。

「誰か」ではなく、「あの人」のためにプレゼンするよう心がけましょう。

3 どうしても伝えたいという強い「意思」を持つ

「あなたたちが話しているのは、お金のことと経済発展がいつまでも続くという、おとぎ話ばかり。恥ずかしくないんですか！」

2019年、ニューヨークで開かれた国連気候行動サミットに出席した、スウェーデンの環境活動家グレタ・トゥーンベリさんのスピーチは大きな話題になりました。当時の彼女は16歳。世界の名だたるリーダーが出席するサミットで彼女にスポットライトが当たったのは、彼女の怒りのエネルギーを通して、確固たる意思が伝わり、多くの人の心を揺さぶったためでしょう。

グレタさんは怒りという感情を通して強い意思を伝えましたが、ほかの感情でも同じことができます。笑いを通して楽しい気持ちで意思を伝えたり、涙を通じて悲しい気持ちで意思を表明したり、いろいろな方法があります。

それにもかかわらず、僕たちはプレゼンではつい感情を押し殺してしまいます。そこには2つの悪しき理由があると感じています。それが、「背伸び」と「過剰な謙虚さ」なのです。

人は誰しも人前で話をするとなると、つい身の丈を超えて、背伸びをしたくなるものです。しかしそんな言葉はどうしても薄っぺらく響いてしまい、聞き手には届きません。自分自身や自分の事業について説明するなら、自分が最もなじみのある言葉で伝えましょう。背伸びをしても迫力に欠けるばかりです。

また、過剰な謙虚さもプレゼンでは邪魔になります。「私のような者のために」「大層なことを言える立場ではありませんが」「場違いな話で恐縮です」といった言葉は、たとえ本心でも時間の限られたプレゼンで語る内容ではありません。プレゼンの機会をもらった以上、推薦してくれた人や聞き手のために全力を尽くすこと。

過剰に謙遜すると、自分の感情やそれを通した意思が伝わらなくなります。

背伸びをしすぎず、謙虚になりすぎず、感情を通して意思を伝えていくこと。

このバランスを大切に、自分のプレゼンに100％の意思を込めていきます。

ここまで、プレゼンを作る前に必要な企画書の骨子となる「目標」「聞き手」「意思」の固め方について解説しました。

- **共感の先に、聞き手にどんな行動を促したいのか**
- **共感してもらいたいのは、どんな相手なのか**
- **どうしても共感してもらいたいという強い意思はあるか**

この3つがなければ、共感は生まれません。
自分のどんな感情を、どんな人に届けて、具体的にどんな行動を求めるのか。
これが固まったら、いよいよシナリオ作りのスタートです。

共感を阻害する3つの壁

繰り返しますが、プレゼンを構成する4つの要素（シナリオ、スライド、トーク、トレーニング）の中でも、シナリオは共感を生みだすのに最も重要な要素です。そして同時に、シナリオ作りは想像以上に簡単なのです。

プレゼンのシナリオというと、多くの人が「起承転結」を思い浮かべるはずです。

もう少しビジネスプレゼンに慣れている人なら「PREP法」（プレゼンの文章構成の一つで、結論↓理由↓具体例↓結論の順に伝える方法）や「AREA法」（プレゼンの文章構成の一つで、主張↓理由↓具体例↓主張の順に伝える方法）のような流れをイメージするかもしれません。

これらの方法を否定する気はありませんが、実は僕はそこまで重要視していません。それよりも共感に直結するポイント、裏を返せば共感の妨げとなる「壁」を乗り越えられるシナリオを作るように心がけています。

共感の妨げとなる壁は3つあります。興味がないという「無関心の壁」、自分には関係ないという「他人事の壁」、今じゃなくていいという「保留の壁」。

共感を妨げる3つの障壁を超えなければ、いくらきれいに起承転結が流れる論理展開でも、聞き手の心は動かずに共感は得られません。もちろん、行動を変えることもできません。3つの障壁を超えるシナリオ作りのコツを紹介します。

1 「無関心の壁」は接点を増やして乗り越える

シナリオを考える際、最初に意識すべきなのは聞き手との「接点」です。

多くのプレゼンの場合、聞き手は初めて出会う人。初めから話し手に関心を持っていることは少なく、共通点さえ分からないケースがほとんどです。

そんな関係のまま「これが社会課題です！」「こんなに素晴らしい解決策があります！」と訴えても、聞き手の心に響くことは滅多にないでしょう。

そこで、僕はなるべくプレゼン中に、聞き手と自分の接点を作るようにしています。**接点を作る時に意識するのは「過去」「今」「未来」という3つの時間軸です。**

例えば仕事術がテーマのプレゼンなら、「大切な仕事を後回しにしてしまったことはありませんか」と過去の接点を探す方法や、「もっと仕事を早く終わらせたいと思いませんか」と未来の接点を探す方法があります。身近な共通点や類似体験があれば、心の距離はグッと縮まります。

ただそれでも、途上国の教育支援のようなテーマだと、聞き手の過去や未来を探っても、なかなか接点を見つけることはできません。

そこで使えるのが今の視点です。例えば僕はe-Educationの事業を紹介する時に、途上国の農村で撮影したある写真を映し出してこう訴えています。

「これが、何の写真か分かりますか？」

映し出されているのは、夜、街灯の下で勉強している高校生の様子です。大学に進学したいという夢を抱きながらも、彼の家には電気が通っておらず、深夜まで街灯の下で一生懸命、勉強をしているのです。

「この写真を見て、悔しくなりませんか？」

彼のけなげな姿は多くの人の心を打ち、「悔しい」「かわいそう」という気持ちを共有することができます。これが接点となって、途上国に行ったことのない人も「今」の共通の課題意識を持つようになるのです。

初めて会った人と接点を作り、心の距離を縮めること。これが、プレゼンに共感してもらえるかどうかを大きく左右する最初の関門です。

「無関心の壁」は意識的に接点を作ることで乗り越えましょう。

2 「他人事の壁」は主張と接点を往来して超える

「無関心の壁」を超えて聞き手が興味を示し始めたら、次は「私には関係ない」という「他人事の壁」を超えましょう。

実践することは「無関心の壁」を超える方法と変わりはありません。引き続き接点を作っていくだけ。何回も接点を作ることが肝要です。頻度を増やして、とにかく聞き手との距離を縮めていくのです。

プレゼンの目的は話し手が主張したいことを明確に伝えることにあります。ただ主張したい内容はどうしても熱が入りやすく、気がついたら聞き手の存在を忘れていた、というケースはしょっちゅう起こります。

だからこそ、主張することと接点を作ることを何度も繰り返すこと。主張と接点の往来が増えるほど、「他人事の壁」を超えやすくなるのです。

これは頻度の話です。野球にたとえるなら打席の話であり、打率の話ではありません。往来の回数が多いほど、他人事の壁を超えられる可能性は高まっていきます。聞き手によって接点は異なるわけですから、無理に全員が共感するエピソードを作るのではなく、接点のパターンを増やせばいいのです。

大事なのは、何度も聞き手の立場に立って話すこと。うれしかった話、楽しかった話、怒った話、悲しかった話など、聞き手がさまざまな角度から感情移入しやすいエピソードを何度も入れていくのです。どれか一つでも刺されば、聞き手は「私のためのプレゼンだ」と感じてくれるはずです。

プレゼン中に何回、主張と接点の往来があるか、一度確認してみてください。少ないと感じたら増やしましょう。空振りのエピソードが何度あったとしても、一回でもヒットが打てれば、「他人事の壁」は超えられ、共感プレゼンに近づくのです。

3 「保留の壁」は心のブレーキを外して超える

「素晴らしいプレゼンですね！」

こんな感想をもらったら非常にうれしいですが、目的が商品を購入してもらうことや寄付してもらうことであれば、ここで満足してはいけません。どんなにほめてもらえても、最終的にゴールとして設定した行動へ聞き手を導くことができなければ、そのプレゼンを１００点満点と評価することはできません。

これは僕が何度もぶつかった壁であり、一番難しいと感じるポイントでもあります。正直に話せば、今も難しさは感じていますが、それでも最近は寄付を目的としたプレゼンの後では確実に複数人が寄付をしてくれるようになりました。

この経験を通して、僕はある真理に気づいたのです。

人間はお金を使うことが好きで、楽しいと思っている。

新しい文房具を買うのも、好きなブランドの服を買うのも、応援するサッカーチームの試合を見にいくのも、ワクワクした気持ちになりませんか？　ただ、その楽しさだけに従っていたら、あっという間にお金はなくなります。だから多くの人は「お金を使ってはいけない」と心にブレーキをかけているのです。

買いたい感情と買ってはいけない理性がシーソーのように揺れ動き、何度も悩んだ経験のある人も多いはずです。この真理に気づいた時、僕は自分のプレゼンにおける大きな間違いを発見しました。

それまで僕は、寄付してもらうことに意識を向けて話をしていました。しかし本当に注力すべきは、聞き手の心のブレーキを外すことだったのです。

心のブレーキには3つのパターンがあります。

「今じゃなくても」「私じゃなくても」「君じゃなくても」。それぞれ、どう外していくのか、順番に解説していきましょう。

1つ目の「今じゃなくても」というブレーキは最も多いものです。だからこそ、これを外す言葉も世の中にはあふれています。「今しかない」「先着○名」「締め切りまであと○日」……。これらはすべて「今じゃなくても」というブレーキを外すためのものです。通販番組の最後には必ずこの手の言葉が出てくるので、一度そんな視点でチェックしてみると、とても勉強になります。

2つ目は「私じゃなくても」というブレーキ。寄付をお願いして断られるケースは大半がこれです。「少額の寄付でできることは限られている」「ほかの誰かがやってくれるに違いない」。こんな感想を数え切れないほどもらい、ブレーキを外す言葉を考えました。

「金額の多寡ではなく、応援してくれる一人ひとりの思いが力になります」「ほかでもない、あなたに応援してもらいたいのです」。こんな言葉で聞き手をヒーローやヒロインにすることで（実際、NPOにとって寄付してくれる人は紛れもなくヒーローやヒロインです）、以前よりも多くの人に寄付してもらえるようになりました。

3つ目は「君じゃなくても」というブレーキ。これを見落としている人が意外と多いようです。「私が応援するのは君じゃなくていいだろう。なぜなら君はたくさんの人が応援してくれるだろうからきっと大丈夫」というものです。

以前、起業家向けプレゼンコンテストの審査員を経験しましたが、ここで優勝したのは人生で初めてプレゼンを披露した起業家でした。スライドには誤字があり、緊張して何度も言葉に詰まっていました。しかしだからこそ、流暢なプレゼンにはない、ひたむきな姿勢が際立ち、審査員たちは「彼を応援したい」と考えたのです。

第4章の「共感トーク」で詳しく解説しますが、頑張って完璧を目指すより、少し隙のあるそのまま自分の姿で勝負した方がいいのです。シナリオを作る時からこの視点を意識しましょう。

「今じゃなくても」「私じゃなくても」「君じゃなくても」――。

この3種類のブレーキが外れれば、共感プレゼンの最後の障壁である「保留の壁」を超えられます。

シナリオ作りのカギは3つの障壁を超えること。改めて整理しましょう。

- 「無関心の壁」は接点を増やして乗り越える
- 「他人事の壁」は主張と接点を往来して超える
- 「保留の壁」は心のブレーキを外して超える

できる限りシンプルにまとめましたが、本書を読み終える頃には忘れてしまう人がほとんどでしょう。でも、問題はありません。

これから紹介するオバマ前大統領のスピーチに込められた「私」「私たち」「今」という3つの物語を知れば、自然と3つの壁を越えることができるからです。

オバマ前大統領が使った3つの物語

2004年、当時は州議会議員だったオバマ前大統領が、アメリカ国民の心をつかんだと評価される伝説の演説には、「私」「私たち」「今」という3つの物語が詰まっていました。このスピーチには、先ほど紹介した3つの壁を超える工夫と、僕たちがプレゼンのシナリオ作りで参考にすべきルールが盛り込まれています。

オバマ前大統領は、父親がハーバード大学卒で、彼本人もハーバード大学ロースクール修了。弁護士として働き、法律事務所で出会ったミシェルさんと結婚。顔立ちも整い、身長は185センチ。文句なしのイケメン・スーパーエリートです。

「自分によく似ている」と感じる人よりも、「別世界の人間だ」と思う人の方がはるかに多いでしょう。この経歴だけを見て、僕が選挙でオバマに投票するかといえば、そんなことはありません。もしかしたら嫉妬に近い感情で、より親近感のあるほかの候補者に票を入れたかもしれません。

立派すぎる生い立ちや経歴は有権者の反感を買いかねません。そんな苦境を、オバマ前大統領は、あるスピーチでひっくり返しました。

「私」「私たち」「今」の物語――。

それがプレゼンの障壁となる3つの壁を乗り越えアメリカの未来を変えたのです。

もう少し詳しく解説しましょう。

「私」の物語…自分の恥ずかしい過去や弱さをさらけ出して接点を作り、そもそも興味がないという「無関心の壁」を超えた。

「私たち」の物語…聞いてくれる人たちが共感するようなエピソードを複数用意して、主張とエピソードを往来しながら、自分には関係ないという「他人事の壁」を超えた。

「今」の物語…感動的なスピーチで終わらせず、今できるアクションを提示し、心のブレーキを外して、今じゃなくていいという「保留の壁」を超えた。

オバマ前大統領から学ぶ3つの壁を超える方法

共感を妨げる3つの壁(無関心の壁、他人事の壁、保留の壁)を超えるために、オバマ前大統領が演説に込めた「私」「私たち」「今」という3つの物語を活用しましょう。

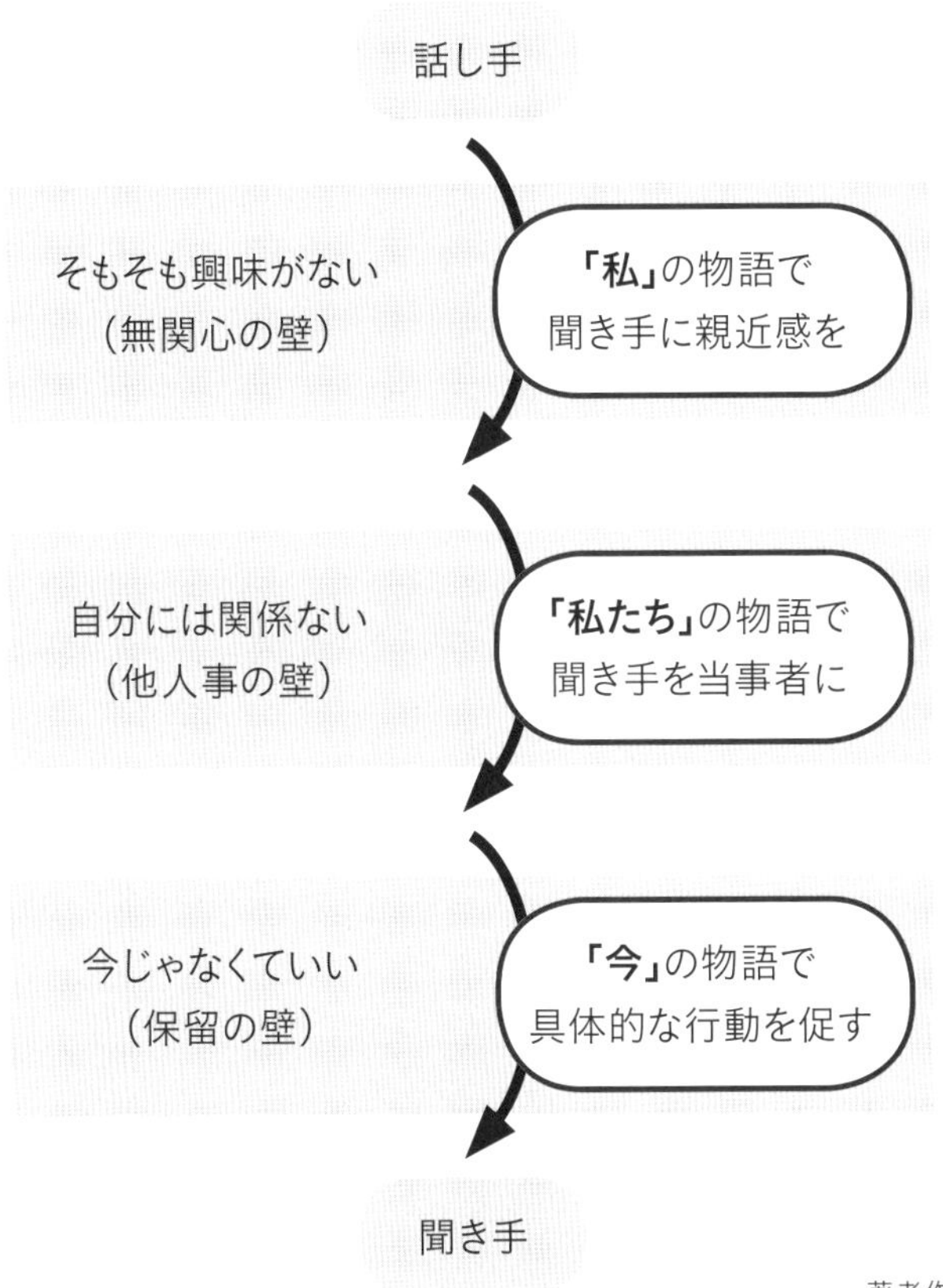

著者作成

ケニア生まれの父を持ち、苦難を乗り越えてきたマイノリティ出身者である「私」の紹介から始まり、「私たち」の暮らすアメリカが直面する課題や現状に触れ、それが「今」ここ（民主党大会の開かれたイリノイ州）で起こっている問題だと主張し、今こそ変わる必要があると熱弁して、アメリカ国民の心をつかみました。そして第44代アメリカ合衆国大統領への一歩を踏み出したのです。

2008年の大統領選でオバマ前大統領の選挙参謀として活躍し、現在はハーバード大学ケネディスクール公共政策の上級講師を務めるマーシャル・ガンツ博士は、オバマ前大統領のように「物語」を効果的に用いるプレゼン手法を「パブリック・ナラティブ」と名づけ、学生をはじめ、世界のトップリーダーに教えています。

「パブリック・ナラティブ」を学ぶ

「ナラティブ」とは物語を指す言葉で、「パブリック・ナラティブ」は直訳すると「公で語る物語」。なぜ行動する必要があるのか物語を通して伝えることで共感の輪が広がり、人々のアクションが変わっていくというものです。人の声（プレゼン）によって、社会の流れが変わる仕組みを、ガンツ博士はこう説明しています。

・Story of SELF（私の物語）
・Story of US（私たちの物語）
・Story of NOW（今の物語）

この3つの物語が「パブリック・ナラティブ」の構成要素で、先ほど紹介したオバマ前大統領の伝説の演説もこの3つの物語が詰まったものでした。

こうした説明を聞くと、どうもハードルが高いように感じます。そこでここからは、オバマ前大統領の演説を参考に、「私」「私たち」「今」という3要素を、日頃のプレゼンにどう盛り込めばいいのか、解説しましょう。

1 「私」の物語は聞き手が親近感を持つように

まずは「私」の物語について。

なぜ自分が今の行動に至ったのかを相手が具体的にイメージできるまで、言葉を研ぎ澄ます必要があります。オバマ前大統領のスピーチは、こんな導入から始まります。

今夜は、私にとって特に名誉な体験です。なぜなら、私がこの舞台に立っていること自体が、想像もできなかったことだからです。私の父は、ケニアの小さな村で生まれ育った留学生でした。少年時代の父は、ヤギの世話をし、トタン屋根の小屋の学校に通っていました。彼の父親、すなわち私の祖父は、料理人であり、使用人でした。

しかし、祖父は、息子に、より大きい夢を託していました。私の父は、努力と忍耐により、奨学金を得て、魅惑の土地、米国に留学しました。米国は、それまでにも大勢の人たちにとって、自由と機会を象徴する存在でした。父は、米国留学中に、私の母と出会いました。母は、地球の反対側にあるカンザス州の町で生まれました。母の父親は、大恐慌時代の大半を通じて、石油掘削施設や農場で働いていました。彼は、真珠湾攻撃の翌日、軍隊に入り、パットン将軍の軍団の一員として、ヨーロッパを行軍しました。その間、私の祖母は、赤ん坊を育てながら、爆撃機組立工場で働きました。戦後、私の祖父母は、復員軍人援護制度で大学へ行き、連邦住宅局を通じて家を買い、機会を求めて西へ移動しました。

そして彼らも、自分たちの娘に大きな夢を託していました。それは、2つの大陸に共通する夢でした。（オバマ大統領の演説『自らの言葉で語る』より引用）

いかがでしょうか。ハーバード大学を卒業した弁護士という肩書よりも、ケニアで生まれ育った父とアメリカの田舎町で生まれた母を持つ、という物語の方がよほど共感できます。演説を聞いていた人も、今まで以上に親近感を持ったことでしょう。

自分のことを知らない人に自己紹介する時、人はどうしても背伸びをして、自分を大きく見せたくなります。しかしプレゼンで、それは逆効果。むしろ普通であることや、聞き手と近い存在であることを感じてもらうことの方が重要です。

過去を語る時は具体的な色や匂い、情景が目に浮かぶシーンを入れましょう。オバマ前大統領が父親の紹介をする時に「ヤギの世話をし、トタン屋根の小屋の小学校に通っていました」と描写しているように、聞き手が話し手の物語を1枚の絵（もしくは映像）でイメージできるようになると、あなたの物語は聞き手の心に届くようになります。

聞き手が親近感を持ち、情景描写できるような「私」の物語をシナリオに入れましょう。ここまでは、決して難しくはないはずです。

2 「私たち」の物語で聞き手を当事者にする

難易度が上がるのはここからです。プレゼンにおいて、聞き手が共感する個人的な物語を話せる人は大勢います。しかし、その個人的な「私」の物語と聞き手をつないで一体感を生み出すような「私たち」の物語を話せる人は決して多くはありません。

オバマ前大統領は、「バラク」という名前を両親が付けた理由について、「アメリカ」を軸にして語ることで一体感を演出しています。見てみましょう。

私の両親は、常識を超えた愛を共有しただけでなく、この国の可能性に対する揺るぎない信頼をも共有していました。彼らは私に、アフリカの名前を付けました。バラクとは「祝福された者」という意味です。彼らは、寛容な米国では、どのような名前でも成功の妨げになることはない、と信じていました。私の両親は、裕福ではありませんでしたが、私がこの国で最高の学校へ行くことを想像していました。寛大な米国では、裕福ではなくても、自己の可能性を達成することができるからです。私の両親は、もう2人ともこの世にはいません。しかし、今晩、彼らが私を誇らしく見守っていることを私は知っています。

本日私は、この舞台に立ち、私の受け継いだ多様な文化に感謝し、私の両親の夢が私の大切な娘たちに引き継がれ、生き続けていることを実感しています。私はここで、私の物語は、より大きな米国の物語の一部であること、私が今日あるのは大勢の先達のおかげであること、そして、地球上の他のいかなる国でも私のような人生の物語が実現する可能性すらないことを実感しています。（同引用）

「アメリカ」を軸にすることで、聞き手の誰もがオバマ前大統領の物語を「私たち」の物語として聞き、演説会場は大きな一体感に包まれました。そしてさらに、ここから演説会場のイリノイ州で実際に見た人たちの物語について触れていきます。

そこで私は、民主党、共和党、無所属を問わず、すべての米国民のみなさんに、今晩、次のように呼びかけたいと思います。私たちには、まだ成すべきことが残っています。私がイリノイ州ゲールズバーグで会った人たちは、メイタグの工場がメキシコへ移転するために、労働組合のある仕事を失い、今では時給7ドルの仕事をめぐって自分の子どもたちと競争しなければならない状況になっています。私が会ったある父親は、失業を目前にして、頼りにしていた医療保険がなくなったら、息子の薬代、月4500ドルをどのように捻出すればよいのか、と涙をこらえながら語っていました。また、イースト・セントルイスで会った若い女性に代表される何千人もの人たちが、優秀な成績と意欲があるにもかかわらず、大学へ行く経済的な余裕がありません。私たちには、こうした人たちのために、成すべきことが残っています。(同引用)

イリノイ州で出会った人々の物語を紹介して、会場で聞いていた人たちの間にどんどんと共感の輪を広げていったのです。そして政策の一つひとつが自分たちの生活に直結するという理解を深めていきました。

これは、自分には関係ないという「他人事の壁」を超えるための「往来」を増やす方法にほかなりません。**聞き手が共感できるエピソードを何パターンも紹介することで、「自分のことを言ってくれている」と感じる人は増え、一体感が増していきます。**

普段なら遠くに感じる課題を、身近な問題だと感じてもらい、聞き手との一体感を作ること。知恵をひねる必要はありますが、プレゼンのシナリオでも、できる限り話し手と聞き手がつながるような物語を生み出しましょう。

3 「今」の物語で具体的な行動を促す

「なぜ今なのか?」「今すぐ、具体的に何ができるのか?」

プレゼンのシナリオを作り終えたら、必ずチェックしているのが、この「今」についてです。

オバマ前大統領の演説は先ほど引用したように、仕事を失った父親や大学に行くお金のない若い女性の「今」について触れた上で、「選挙に行ってほしい」「票を入れてほしい」という第一歩の具体的なアクションをお願いしています。


商品を紹介するプレゼンの場合、ハードルは一段と上がります。投票よりも、購入をお願いする方が聞き手に金銭的な負担を要求しますから。僕のように寄付をお願いするのであれば、さらにハードルは上がります。

遠い国の知らない高校生を応援するために寄付してもらう。どれだけ高校生が置かれた悲惨な状況を、「私」や「私たち」の物語を交えながら話すことができても、「今」寄付してもらうには大きなハードルを飛び越えなくてはなりません。

僕が寄付のお願いをする時に心がけていることは、「今」できるアクションを複数用意することです。理想はもちろんその場で寄付してもらうことですが、難しい場合はe-EducationのSNSをフォローしてもらったり、メールマガジンに登録してもらったりと、次の一歩として気軽に今、実行できるアクションを用意しています。

「応援してください」「協力してください」というメッセージで終わらず、具体的にどんな形の応援や協力がほしいのか、それはなぜ今必要なのかが明確であるほど、相手の心に深く刺さり、プレゼンの目的に近づきます。

プレゼンのシナリオに必須の「私」「私たち」「今」という「パブリック・ナラティブ」の3要素の中でも、特に「私たち」と「今」は、つい抜けてしまいがちです。

聞き手が「私には関係ない」「別に今じゃなくていい」と感じてしまったら、深い共感を抱いてもらうことはありません。「いい話だった」という感想をもらっても目的には届かないプレゼンが、本当に多いのです。

シナリオを作る際には、特に「私たち」と「今」の要素が入っているのかチェックして、聞き手の行動を変える深い共感を生む物語を目指しましょう。

枝葉を切り落とし、根っこを確認

「私」「私たち」「今」という3つの物語を盛り込むことができれば、基本的にプレゼンのシナリオは完成します。ただ、いったん作り上げた時点で満足してはいけません。

一度も見返していないシナリオは、味見をしていない料理と同じ。調味料の量を間違えると味が大きく変わるように、シナリオもいくつかのエピソードがほんの少しズレるだけで、共感が一気に失われてしまうのです。

チェックするべきポイントは3つあります。

1 幹がブレず、共感へ向かう一本道を作る

シナリオが出来上がったら、鳥の目線でシナリオを遠くから眺めてみましょう。果たしてシナリオは一本道になっているでしょうか。

途中で話が脱線していませんか？　急に話が戻ったりしていませんか？

特に気をつけた方がいいのが時系列です。事業を分かりやすく説明するには、時系列を崩して説明する方がいい場合もあるのですが、これを頻繁にやると聞き手が混乱してしまいます。

また事業の経過でも、時間の流れをしっかり示して説明しましょう。例えば、僕たちe-Educationの成果について「貧しい高校生がNo．1大学に合格」「難関大学への合格者が累計100人を突破」「教育大臣から表彰を受ける」と説明しても、それがいつの話なのか分からないと、具体的なイメージが湧いてきません。

シナリオが一本道になっているか、ぜひチェックしてください。

2 ムダを削ぎ落とし、ノイズを削る

シナリオが一本道になっていても、余計な情報が多くて伝えたいメッセージがぼんやりとすることもあります。

いくつか気をつけるべきポイントがあるのですが、言いたいことや好きなトピックほど注意が必要です。自分が伝えたいだけで、聞き手にとってはさほど大切な情報が入っていないケースがよくあります。

特に「ちなみに」と補足を入れる部分は注意して見ましょう。ストーリーの中で本当に必要な情報か確認し、不要なら迷わず削りましょう。

詳細な情報は、時に聞き手を混乱させます。例えばe-Educationは税所篤快くんという大切な相棒が立ち上げた団体であり、僕は2代目の代表ですが、それを説明していると短い時間で伝えたいポイントにたどり着けません。彼の存在なくしてe-Educationは存在せず、彼のおかげで団体がここまで進化してきたのも事実ですが、

聞き手にとってその情報が混乱を招くケースも多々あります。

聞きなれない言葉や登場人物は増やしすぎず、あくまで聞き手と話し手の距離を縮めていくこと。それだけでも、プレゼンの質は随分と変わります。

3 根っことなる原点に立ち返る

幹がしっかりしていて、ムダな枝葉を切り落とすことができたら、最後はもう一度根っこを確認しましょう。

根っことは、本章の冒頭で紹介した「目標」「聞き手」「意思」のこと。ここを飛ばしている人が非常に多いのです。

最初は明確だったのに、シナリオを作る途中でこの3つが抜けていくケースは決して珍しいことではありません。

物語をつくることに集中しすぎて、目標を忘れていませんか？

聞き手のことは念入りに調べましたか？

その物語に、どうしても伝えたいというあなたの意思を込めていますか？
シナリオが完成したら、改めて「目標」「聞き手」「意思」を確認しましょう。

「共感シナリオ」まとめ

- いいシナリオはいい企画書から。
「目標」「聞き手」「意思」を明確に。

- シナリオを作る時は3つの物語を。
「私」の物語で「無関心の壁」を超え、
「私たち」の物語で「他人事の壁」を乗り越え、
「今」の物語で「保留の壁」を超える。

- シナリオは幹をしっかり作り、
ムダな枝葉を切り落とし、
最後に根っこを確認する。

第3章

スティーブ・ジョブズの
プレゼンがお手本

欠落を残して想像を誘う「共感スライド」

2つのスライドを見比べてみてください。

A

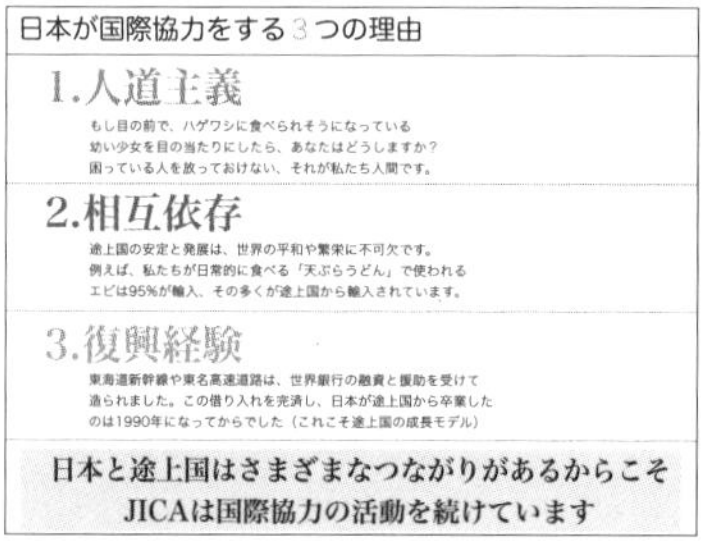

日本が国際協力をする 3 つの理由		
1.人道主義		
もし目の前で、ハゲワシに食べられそうになっている		
幼い少女を目の当たりにしたら、あなたはどうしますか？		
困っている人を放っておけない、それが私たち人間です。		
2.相互依存		
途上国の安定と発展は、世界の平和や繁栄に不可欠です。		
例えば、私たちが日常的に食べる「天ぷらうどん」で使われる		
エビは95%が輸入、その多くが途上国から輸入されています。		
3.復興経験		
東海道新幹線や東名高速道路は、世界銀行の融資と援助を受けて		
造られました。この借り入れを完済し、日本が途上国から卒業した		
のは1990年になってからでした（これこそ途上国の成長モデル）		
日本と途上国はさまざまなつながりがあるからこそ		
JICAは国際協力の活動を続けています		

著者作成

B

1

2

3

4

5

①⑤は著者作成、②は© Kevin Garter/Getty Images

AとB、どちらの方が「もっと話を聞きたい」と思いましたか?

どちらも、「日本が国際協力をする3つ理由」について紹介したもので、話の内容や時間はほとんど変わりません。それなのに、Aのスライドを使って大学で講義をしたら、途中で学生の半分が眠ってしまいました。

無理もありません。教室の後方からは全然読めない小さくて膨大な文字。文字のフォントもカラーも多く、目がチカチカします。自分が大学時代の授業で分かりにくいと感じたスライドそのものです。

第1章で打ち明けた通り、僕は社会人1年目の初の本格的なプレゼンで大学生に講義をし、半数以上が話の途中で眠ってしまいました。さすがに落ち込みます。ショックを受けて書店で手にしたのが、2010年当時、ベストセラーとなっていた『プレゼンテーションzen』(ガー・レイノルズ著)でした。

これに衝撃を受けました。アップル創業者であるスティーブ・ジョブズさんも学んだ「禅」の発想を生かしたスライドは、僕が作成した分かりづらい代物とは全く逆のものでした。

スライドの文字は少ない方がいい。文字のフォントやカラーも少ない方がいい。アニメーションや画面切り替えはなくていい。こう頭を切り替えて修正した結果が、Bのスライドです。

「日本が国際協力をする3つの理由　①人道主義　②相互依存　③復興経験」

この3つの理由を1枚のスライドで説明することはやめて、合計5枚のスライドに分けることにしました。それぞれ解説しましょう。

1枚目のスライドは、「日本が国際協力をする3つの理由」という言葉だけ。あえて答えはすぐに見せず、聞き手に考えてもらう時間を設けるようにしました。

2枚目のスライドは、有名な「ハゲワシと少女」の写真だけ。スーダンの配給所近くでうずくまっている少女を、ハゲワシが襲おうとしている写真です。アフリカの悲惨さを象徴する写真で、見ているだけで心が痛みます。この痛みが「助けたい」という感情に導き、国際協力の必要性が写真1枚で伝わります。それも、どんなに言葉を重ねるよりも深く、聞き手の心に刺さるはずです。

3枚目のスライドはエビの天ぷらうどんの写真。日本人が好きな食事ですが、実は僕たちが普段口にするエビの95％は輸入で、その多くが途上国から日本に入ってきたものです。うどんの原料である小麦も85％以上が輸入で、途上国を含む、海外諸国に依存しているのが日本の現状です。

4枚目のスライドは新幹線の写真。実は、東海道新幹線や東名高速道路は、世界銀行の融資と援助を受けて造られました。この借り入れを完済し、日本が途上国から卒業したのは1990年、という話はあまり知られていません。天然資源も豊富ではない日本が急激に経済発展した姿は、世界中の途上国のモデルと言えます。

最後のスライドは、「つながり」という単語だけ。「①人道主義、②相互依存、③復興経験」は言い換えるなら、「①心のつながり、②食料をはじめとした環境のつながり、③発展という歴史のつながり」であり、講義では「つながりがあることだけ覚えてくれればいいですよ」とまとめました。

スライドを大幅に修正すると、プレゼンの感触は劇的に変わりました。翌年の同じ講義では、一人も最後まで眠ることはありませんでしたし、学生からの質問もたくさん集まりました。

あれから10年。今ではプレゼンを教える立場になりましたが、スライド作りで最も大切にしているのは、今も変わらず、削ることとシンプルにすること。

1つのスライドに1つ以上のメッセージを入れない。何を見せるかよりも、何を「見せないか」を強く意識しています。

不完全だからこそ、人間はそこに意識を向け、想像力を働かせるのです。そして、その先に共感が生まれる。

スライドを削ったりシンプルにしたりすると、共感を生むための「余白」が生まれます。余白が聞き手の想像力をかきたて、そして心を動かしていくのです。

第3章では、プレゼンの達人と呼ばれたスティーブ・ジョブズさんを参考にしながら、僕がこの10年間、数百回にわたる試行錯誤をへて導き出した「共感スライド」の作り方を紹介します。

みんながハマりがちなスライドの罠

プレゼンを構成するシナリオ、スライド、トーク、トレーニングという4つの要素のうち、最も重要なのはシナリオです。

反対に、最も優先度が低いのが実はスライドなのです。スライドは、なくてもいい。そう、僕は考えます。

スティーブ・ジョブズさんのプレゼンを思い出してください。彼はiPhoneをはじめとした商品紹介で素晴らしいスライドを披露し、そのシンプルなスライドから学ぶべきことはたくさんあります。しかしiPhoneの商品紹介よりもはるかに有名な「Stay Hungry, Stay Foolish」で知られるスタンフォード大学での卒業式のスピーチで、彼はスライドを使っていません。

第2章で取り上げた「オバマを大統領にしたスピーチ」も同じですが、聞き手の心を動かし、行動を変える「共感プレゼン」では、スライドは必ずしも必要ないのです。

それにもかかわらず、プレゼンに自信がない人ほど、スライド作りに時間を費やしたがります。結果として、シナリオやトーク、さらにはそれを支えるトレーニングが後手に回り、スライドは豪華でも話の中身が印象に残らないプレゼンが出来上がってしまうのです。

これでは、共感は生まれません。

まずはスライド作りこそプレゼンの肝だという誤解を解きつつ、多くの人がよく陥ってしまうスライド作りの5つの罠について解説しましょう。

1 プレゼンにはスライドが不可欠だと思い込む罠

JICAで働いていた頃、外国人の同僚に「今度のプレゼンのビジュアルエイドを作ってほしい」と相談をもらったことがあります。「ビジュアルエイド」とは日本語に訳すと「視覚的補助」。聞き手の理解を助ける補助ツールがスライド、というわけです。この時、プレゼンはシナリオやトークが「主」であり、スライドはあくまで「従」なのだと再認識しました。

もしかすると「世界的に評価の高いプレゼンには素晴らしいスライドがあるじゃないか」と思う人がいるかもしれません。確かにTEDトークでは、多くのプレゼンターが洗練されたスライドを効果的に活用しています。

しかし僕が調べた限りでは、TEDトークの動画視聴回数トップ5のうち、2本のプレゼンはスライドを使っていません。最も動画視聴回数の多いケン・ロビンソン卿のTEDトークにもスライドはありません。

つまり、人の心を動かす共感プレゼンにおいて、スライドは必ずしも不可欠だというわけではないのです。しつこいようですが、プレゼンの主役はあくまで話し手。スライドは、聞き手の理解を補助するツールでしかありません。

スライドが主張しすぎると、聞き手の集中力を奪ってしまう懸念もあります。ですから、もしスライドがなくてもメッセージを伝えることができるなら、いっそのこと、思い切ってスライド作りをやめて、シナリオやトーク、そしてこれらを支えるトレーニングにもっと時間を割きましょう。

2 スライドは自力で作るものという先入観の罠

もちろん、スライドの存在を完全に否定するわけではありません。第3章の冒頭で紹介した「ハゲワシと少女」のように、たった1枚の写真が聞き手の心を揺さぶり、効果的なメッセージを放つ可能性もあります。

身近な例で言えば、企業広告のポスターなども分かりやすいでしょう。こうしたポスターが片手間で作られることは決してありません。

たった1枚のポスターのために、企業がどれだけの人と予算を当てているか、イメージできますか。プロのモデルが被写体となり、カメラマンやアシスタント、デザイナー、コピーライター、さらにはそれをまとめるプロデューサーもいます。

この仕組みは、プレゼンにも当てはまります。スティーブ・ジョブズさんやソフトバンクグループの孫正義会長のような素晴らしいプレゼンターは、自分一人でスライドをゼロから作っているわけではありません。デザイナーやコピーライター、事業を支える経営幹部たちが、それぞれの知恵を絞って、チームでスライドを作っているのです。

同じように、もし会社の命運をかけるプレゼンなら投資を惜しまず、プロのプレゼンデザイナーにスライド作りを依頼しましょう。

もちろん、金銭的に外注が難しい人がほとんどだとは思います。自分で手を動かして作ることで、最後まで内容を微調整できるというメリットもあります。

ただ、それでもスライドはあくまで補助。それ以外に時間を割くべきであることを踏まえると、無理して自分で作らなくてもいい、というのが僕の考えです。

3 すぐにプレゼンソフトでスライドを作り始める罠

「スライドはやっぱり活用したい。それも、自分で作りたい」

この本を読んでいる大半の人がそうだと思います。そしていざスライドを作成する段になると、おもむろにパソコンを開いて、プレゼンソフトを立ち上げるのではないでしょうか。

でも、ちょっと待ってください。このままスライド作りに入ってはいけません。

そもそもスライドを作る時、パソコンを使う必要があるのでしょうか。

有名な話ですが、プレゼンの名手と言われる孫正義会長は、原案をホワイトボード上で作り上げるそうです。孫会長は、アメリカの大学に在学中にプログラミングを駆使していたほどなので、パソコン操作が苦手というわけではありません。

それでもホワイトボードを活用するのは、パソコンの画面よりもホワイトボードの方が、思考の整理やその先にあるアウトプットに適していると考えているからです。

ホワイトボードやアナログのノートは、思考のアウトプットを目的に作られた道具であり、パソコンはスライド資料を作るためのツールです。そう考えると、作業効率の観点からも、まずはホワイトボードやノートなどを活用してスライドのイメージを膨らませたり、全体地図を整理したりする方がいいでしょう。

思考を整理し、どんなスライドを作るか明確に落とし込んだ後で、プレゼンソフトを立ち上げればいいのです。

僕自身、スライド作りで、いきなりパソコンを開くことはありません。まずはA3サイズのノートかホワイトボードを使うようにしています。最初から完成形を決めすぎず、シナリオをどう補助するのか、プレゼン全体の流れを俯瞰《ふかん》しながら創造的に落とし込んでいます。いつも、いきなりパソコンでスライドを作成し始める人は、ぜひ一度、アナログな世界から始めてみてください。

4 パワーポイントの標準フォーマット箇条書きの罠

現在、世界で最も普及しているプレゼンソフトは間違いなくマイクロソフト社のパワーポイントです。そして実は、スライド作りが非常に分かりにくい作業となっている一因は、このパワーポイントの仕様にあると僕は考えます。

普段、パワーポイントで新しいスライドを作成しようとすると、画面にはタイトルと本文のボックスが表示されます。それも本文は箇条書き形式。箇条書きは階層構造を論理的に伝えるメリットもありますが、一方では最も共感から遠いフォーマットでもあります。聞き手の心を動かすようなプレゼンを実践したいなら、箇条書きを使うことはやめましょう。

この真実に気づいたのか、ある時からプレゼンで箇条書きを使わなくなった大物経営者がいます。それは、ほかでもないマイクロソフト創業者のビル・ゲイツさんです。彼はこの10年間で、TEDトークに何度か出演していますが、パワーポイントの標準フォーマットを使ったことは、一度もありません。

僕は普段、アップル社のパソコンを愛用しており、スティーブ・ジョブズさんが自分のために作ったといわれるプレゼンソフトの「キーノート（Keynote）」を活用しています。ただ正直に話すと、パワーポイントもキーノートも大差はなく、彼のようなスライドをパワーポイントで作ることも十分可能です。

大事なことは、何も考えずに標準フォーマットを使わないこと。僕の尊敬するプレゼンターで、標準フォーマットをそのまま使っている人は一人もいません。

共感を生み出したければ、まずそこから離れてみましょう。

5 スライド作りに時間をかけすぎる罠

何度も繰り返しますが、プレゼンを構成する4要素（シナリオ、スライド、トーク、トレーニング）のうち、最も優先順位が低いのがスライドです。だからこそ、いかに手間や時間をかけないかが重要になります。

ところが、プレゼンに対する苦手意識が強い人ほど、このスライド作成に時間をかけてしまいがちです。またデザインのことを少し勉強してスライド作成が好きな人も、時間をかけすぎる傾向があります。時間が無限にあればいいのですが、限られた時間の中でプレゼンの質を高めていきたいなら、シナリオやトーク、さらにはそれを支えるトレーニングに時間を割く方が効果的です。

一つの目安として、プレゼン準備の時間全体の中で、3分の1以上をスライド作成に割いていたら要注意。**プレゼンを通じて共感を生み出したいのなら、スライド作りの時間をどう削るかを意識しましょう。**

シンプルであれ、不完全であれ

「単純であることは究極の洗練である」

このレオナルド・ダ・ヴィンチの言葉は、スライド作りにも当てはまります。

想像してみてください。目を細めないと読めないような小さな文字がビッシリと詰まったスライドや、いろんな矢印が飛び交って目が回りそうになるスライド……。これは大学時代、僕が何度も講義で見たスライドですが、これが授業で投影される度に、「この資料を配布するだけで十分じゃないか」と思っていました。

実際のプレゼンでも、同じようにスライドに書かれた文字をそのまま読み上げるだけのケースが本当に多いのです。そうでなくても、スライドが情報過多となり、聞き手の注意力を削いでいるケースは少なくありません。

繰り返しますが、プレゼンの主役はスライドではありません。主役は話し手であり、スライドはあくまで話を引き立てるサポート役です。それが目立ちすぎたり、主役とは異なる動き（例えば、トークの内容とスライドの言葉が違うなど）をしたりすると、共感からはどんどん離れていきます。

スライドが話し手のいいサポート役となるには、余計な情報を削ぎ落とし、シンプルであることが何よりも重要なのです。

では、どうしたらシンプルで余白のあるスライドを作ることができるでしょうか。

スライドに必須の「わび・さび」の精神

「日本人のスライドはいつもきれいだよね」

僕が社会人1年目で参加した国際会議の懇親会で盛り上がった話です。世界各国の人が「俺もそう思う」「私もそう思っていた」と同意し、僕はうれしくなって話題に加わろうとしたのですが、気づくと、彼らは決してほめているわけではありませんでした。

「スライドはきれいだけど、いつも余裕がないように見えるのはなぜだろう？」

痛いところを突かれました。英語でのプレゼンが苦手というのも大きな理由の一つでしょうが、スライド作りにおいて、僕たち日本人は、基本的に余裕がないのです。

「念のために」と情報をすべて盛り込んだ結果、情報の詰まったスライドが出来上がり、最終的に話し手がスライドの文字を読み上げるだけのプレゼンに終始してしまうのです。目の前にいる聞き手の存在を忘れて、スライドばかりを目線で追うようなプレゼンは魅力的ではありません。

「日本には、せっかくわび・さびの文化があるのにもったいない」と話してくれたJICA時代の同僚こそ、僕に『プレゼンテーションzen』を薦め、スティーブ・ジョブズさんも、プレゼンに禅の思想を生かしていると教えてくれた恩人です。

スティーブ・ジョブズさんのiPhoneを紹介した有名なプレゼンはもちろん、世界最高峰と言われるTEDトークでも、プレゼンの達人たちがどんなスライドを使っているのか、注意深く観察しました。その度に、毎回こう驚いたのです。

「え？　たったのこれだけ？」

どのプレゼンも、スライドは極めてシンプルでした。写真1枚だけ、もしくは言葉が数文字だけ。何かが書かれているから不安になるなら、いっそのこと、何もなければいい。そんな貴重な真実を発見しました。

そこで僕も、しばらくは写真だけを使ったプレゼンに挑戦してみたのですが、これが思ったよりもうまくいきました。スライドを見ても情報が十分にないため、むしろ以前よりも注意深く、僕の話を聞いてくれるようになったのです。結果、僕の言葉ははるかに強く、聞き手の心を揺さぶるようになりました。

116ページのスライドは、あるプレゼンコンテストで優勝した時に、僕が使ったスライドです。ご覧の通り、「40,000」「深刻な先生不足」としか書かれていません。この数字と単語をつなぐには自分で話さなくてはなりません。

「アジア最貧国と呼ばれるバングラデシュは大変な国です。まず先生の数が全然足りていません。その数、4万人。これは2010年のデータで……」

本番ではこう話しました。スライドの情報が少ないからこそ、話し手はスライドにとらわれることなく、自分の言葉でしっかりと説明できるようになります。

やはりスライドは、不完全なくらいの方が聞き手の想像力をかきたてて共感を生み出す余白が作れますし、話し手にとってもスライドに逃げることができない分、シナリオやトーク、トレーニングでしっかりと準備するようになります。

著者作成

スライド作りのコツは、日本発祥の文化であるわび・さびの心。不安になるくらい言葉を削り、あえて不完全にするくらいがちょうどいいのです。

目安は1スライドに0・5メッセージ

僕のプレゼンを例にしながら、情報の削ぎ落とし方を解説していきましょう。

「バングラデシュの予備校で有名な先生を見つけ、彼の授業を収録して、それをDVDにする」

この内容を説明するのに、果たして何枚のスライドが必要でしょうか。

1枚で十分と思う人が多いはずです。無理はありません。話の舞台がバングラデシュではなく日本なら、東進ハイスクールの授業風景を見せるだけで、多くの人が理解できます。

しかし舞台は海外です。それもバングラデシュのように多くの日本人になじみのない国であれば話は別です。そもそも予備校があるかどうかも分かりませんし、有名な先生といっても顔が思い浮かびません。途上国での授業収録もイメージしにくいし、本当にDVDができるかも分からない人が多いはずです。

聞き手の立場に立って分かりやすいスライドを作ろうとすると、想定していた2～3倍のスライドを用意しなければならない場合があります。

これを、僕は「1スライド0・5メッセージ」と呼んでいます。

実際、「バングラデシュの予備校で有名な先生を見つけ、彼の授業を収録して、それをDVDにする」を説明するために、僕が用意したのは、119ページにある4枚のスライドです。時間に余裕があれば、あと2～3枚くらい足すこともあります。

1枚のスライドですべてを言い切る必要はありません。何かが足りない、何かが引かれている「1スライド0・5メッセージ」で大丈夫。話し手があえて口頭で説明し

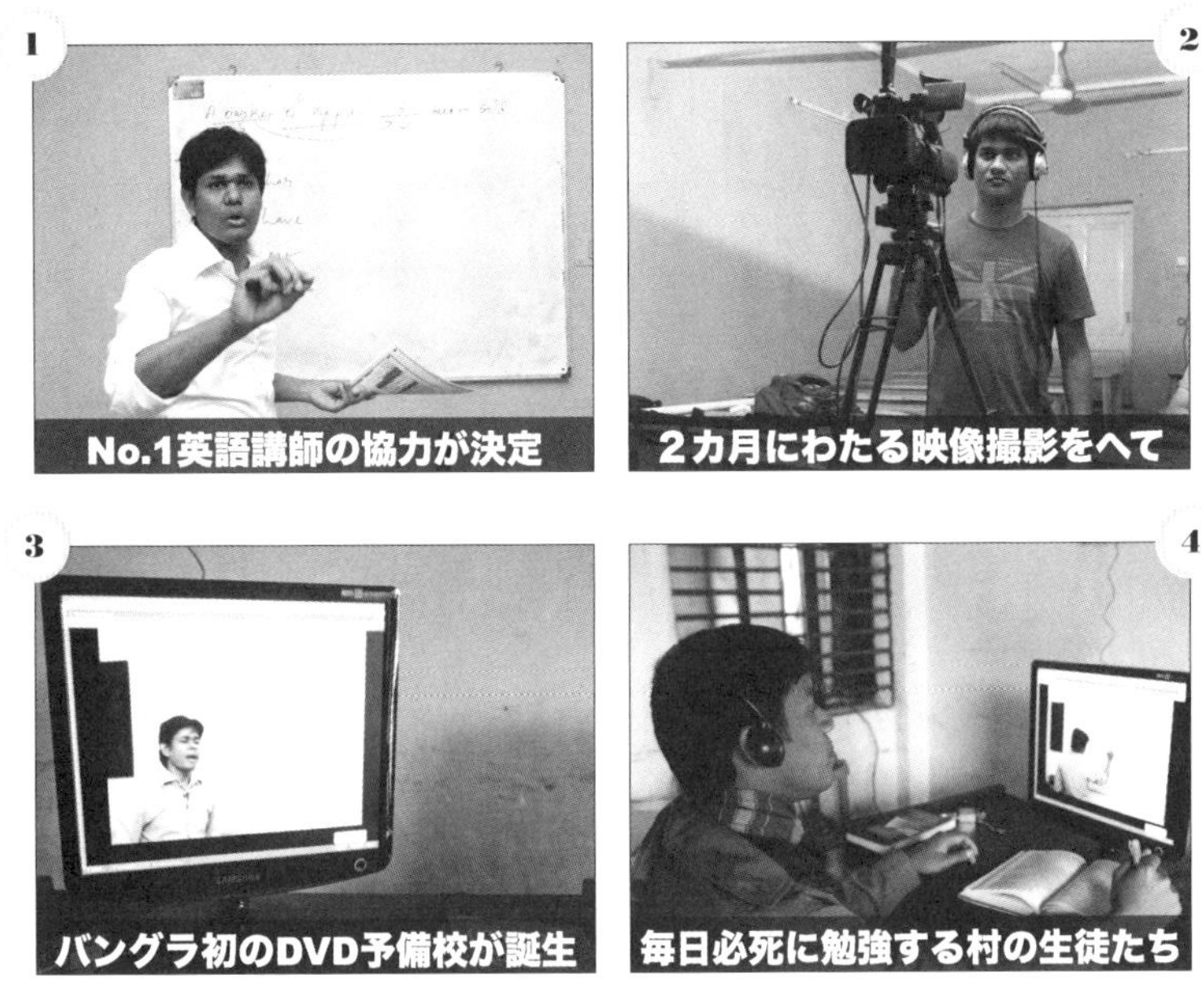
1
No.1英語講師の協力が決定
2
2カ月にわたる映像撮影をへて
3
バングラ初のDVD予備校が誕生
4
毎日必死に勉強する村の生徒たち

著者作成

なければならない不完全さを残すことが大切なのです。

この不完全さは、聞き手の意識を話し手に向けさせる共感への導線です。そして、不完全であるからこそ、それを補おうと聞き手は自分の想像力を働かせ、そこから共感が生まれるのです。

大事なのは、足し算ではなく引き算の意識。削ることで生まれる余白、つまりは「1スライド0・5メッセージ」に留めることが、聞き手の共感の引き金となるのです。

足し算ではなく引き算を。それでは、実際にどのようにスライドをシンプルで、不完全なものにしていくのか、具体的な方法の解説を続けましょう。

ノイズとして削るべき3つの要素

説明が多い方が親切だと思って、文字量を増やす。フォントやカラーが多い方が見やすいと思って、文字のデザインを工夫する。動きがあった方が飽きないと思って、アニメーションや画面の切り替えを多用する。

スライドを作っていると、つい足し算をしたくなる誘惑は無数にあります。ただ、これらがどれも不要であるということは、僕の過去の苦い失敗談から明白です。これらの要素はどれも、聞き手のノイズになり、プレゼンの妨げにしかなりません。

スライド作りの怖さは、まさにここにあります。

親切心で足した要素が邪魔になり、結果として聞き手は共感から遠ざかる。この悲しい結末を避けるためにも、普段から心がけるべき3つの引き算を紹介します。

1 文字のフォント、カラーはどれも少なく

僕がプレゼン大会で優勝した時のスライドを確認したところ、一番小さい文字は50pt、1行の最大文字数は「①バングラデシュの課題を知ってもらう」の18字でした。ほかのスライドも、ほぼ同じような状態でした。

これは不完全さを作るためでもありますが、聞き手への配慮でもあります。僕が登壇したプレゼン大会は、聞き手が100人を超える規模でした。そのため、会場の最後尾からスライドを見ようとすると、小さい文字ではほとんど読めません。「どうせ見えないのなら、いっそのこと省いてしまえ」と考えて、スライドに残す文字を極限まで少なくし、代わりに文字サイズをなるべく大きくしました。

スライドに文字を入力する時に気をつけるのは、違和感をつくらないこと。例えば、

文字のフォントやカラーがスライドごとに変わると、聞き手は違和感を覚え、話し手のプレゼンの内容から意識が離れてしまいます。これは本当にもったいない。

文字のフォントも最小限に抑えましょう。聞き手の可読性を考えるなら、フォントはゴシック体を選ぶといいでしょう。手書きに近い明朝体を使う人も多いようですが、遠くから見ると細い線がかすれて、読みにくくなることがあります。一方、ゴシック体は高速道路の案内標識に採用されているほど遠くからでも可読性が高い。迷ったらゴシック体を選びましょう。

カラーについても同じことが言えます。闇雲に文字の色を変えてはいけません。文字の色を変えるのは強調することが目的であり、基本色プラスもう1色くらいで十分なのです。強調したい部分は、色でも意味を持たせたい場合に限って、もう1色。孫正義会長のプレゼンでは、ポジティブな強調色を青、ネガティブな要素を赤と、誰にとってもなじみのある信号の色に合わせています。

2　表やグラフは、標準フォーマットを使わない

プレゼンソフトの場合、パワーポイントでもキーノートでも表やグラフを挿入しようとすると、カラフルな配色の標準フォーマットが出てきます。

ですが、表もグラフも色使いはもちろん、罫線もできる限り削りましょう。グラフの場合、折れ線グラフや棒グラフだと基準値がグラフの脇に表示されますが、これも削りましょう。

さらに円グラフでも棒グラフでも、3Dのデザインはお勧めしません。表やグラフはあくまでも論理を補完するための表現方法でしかありません。このデザインを、3Dなどで装飾的にしても共感は生まれず、むしろ聞き手のノイズになり得ます。

それよりも、意識すべきはハイライト。**表やグラフの中で強調したい部分だけ色を変えて、主張するポイント以外の情報はできる限り削るのです。**

例えば、売上高の推移を伝えることが目的なら、年度ごとの売上高をそれぞれ目立

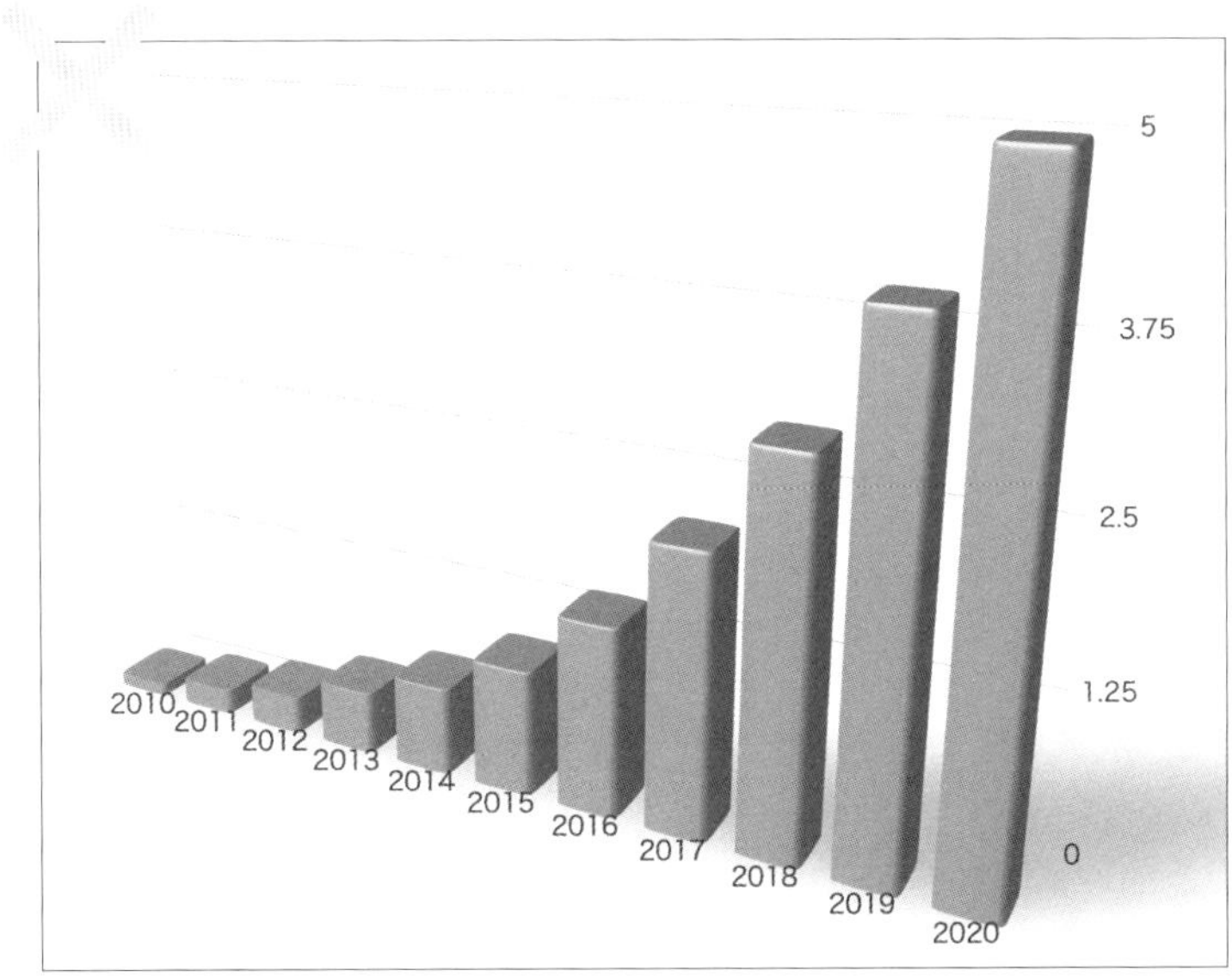

プレゼンソフトの標準フォーマットで作ったグラフ。伝えたいことが分かりづらい。著者作成

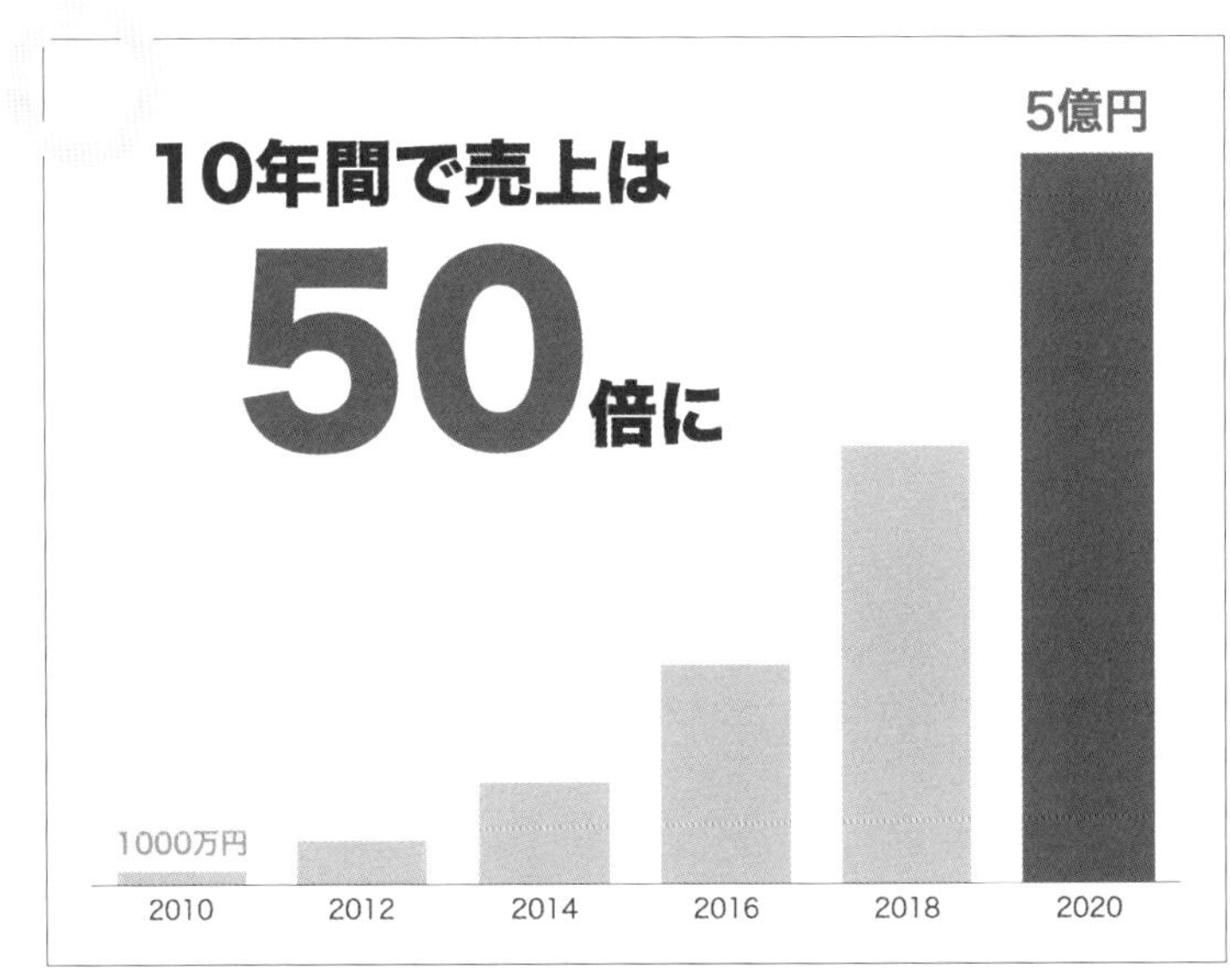

最も伝えたい内容に絞って目立たせるように工夫する。著者作成

たせる必要はありません。2010年から2020年でどう変わったのかという、最も伝えたい部分だけを目立たせ、不要な項目はどんどん削ってシンプルな表やグラフを目指しましょう。

3 画面の切り替えやアニメーションはなくていい

プレゼンソフトを触り始めた当初、僕はいろいろなエフェクトを使うのがおもしろくて、ついあれもこれも利用していた時がありました。

しかし、実際のプレゼンで見慣れないエフェクトやアニメーションを出すと、聞き手の意識はそちらに向かってしまいます。残念ですが、これもノイズです。

解決策は、極力エフェクトやアニメーションを使わないこと。プレゼン大会で優勝した時の画面の切り替えは、時系列の変化を表現するために「カラーフェード」効果を、そしてどうしても動きをつけたい部分に（キーノートの特殊エフェクトである）「マジックムーブ」効果を使っただけ。アニメーションは一切使いませんでした。

文字や図表、画面切り替えなどのノイズをなるべく削ること。これを意識するだけで、あなたのプレゼンはきっと、つまらないものから脱却できるはずです。

余白を生みだす3つの小技

不完全なスライドが持つ余白が、聞き手の共感を生みだす。

これがスライド作りで最も大切なポイントですが、先ほど紹介した引き算に加えて、余白を生みだすための3つの小技についても紹介しましょう。参考にしてください。

1 スライドフレームは16対9の親しみある比率に

スライドの縦横比を決める際、大きく分けて16対9と4対3の2種類があります。数年前までは4対3のスライドが主流で、標準フォーマットもこちらでした。しかし2000年代前半からは、16対9の比率が急増し、今ではこちらが標準フォーマットになっています。

共感につなげる余白を作りやすいのは16対9のフォーマット。加えて現在、僕たちが見ている地上波デジタルテレビも基本は16対9で、YouTubeの動画も16対9。つまり僕たちに親しみのあるフォーマットでもあるのです。

ただ、一つ注意すべきなのは、プレゼンをする場所によっては、スライドを投影するスクリーンが4対3のケースもあるのです。ここに16対9のスライドを投影しようとすると、上下に不格好な空きが出てしまいます。可能なら、プレゼンをする場所のスクリーン比率について、なるべく早い段階で確認するようにしましょう。

2 スライド枚数は増やした方がいい

僕は1時間のプレゼンだと、スライドが100枚を超えることもあり、スライドを提出すると、よく驚かれます。

「1スライド1メッセージ」と比べて、「1スライド0・5メッセージ」で資料を作ると、単純にスライド枚数が2倍になるからです。さらに1枚のスライドに複数のメッセージを入れる人と比較すれば、枚数は10倍以上にも膨れ上がります。

メッセージの量そのものは変わらないので、スライド枚数が増えることをあまり気にする必要はありません。**むしろスライドの枚数は増やした方がいいと思います**。もちろん闇雲に増やすのは論外ですが、効果的なスライド増加法があるので、お教えしましょう。

まず1つ目はブリッジ・スライド。これは今、話し手が全体のプレゼンの中で、どの部分を話しているのかがひと目で分かる、目次のような機能です。

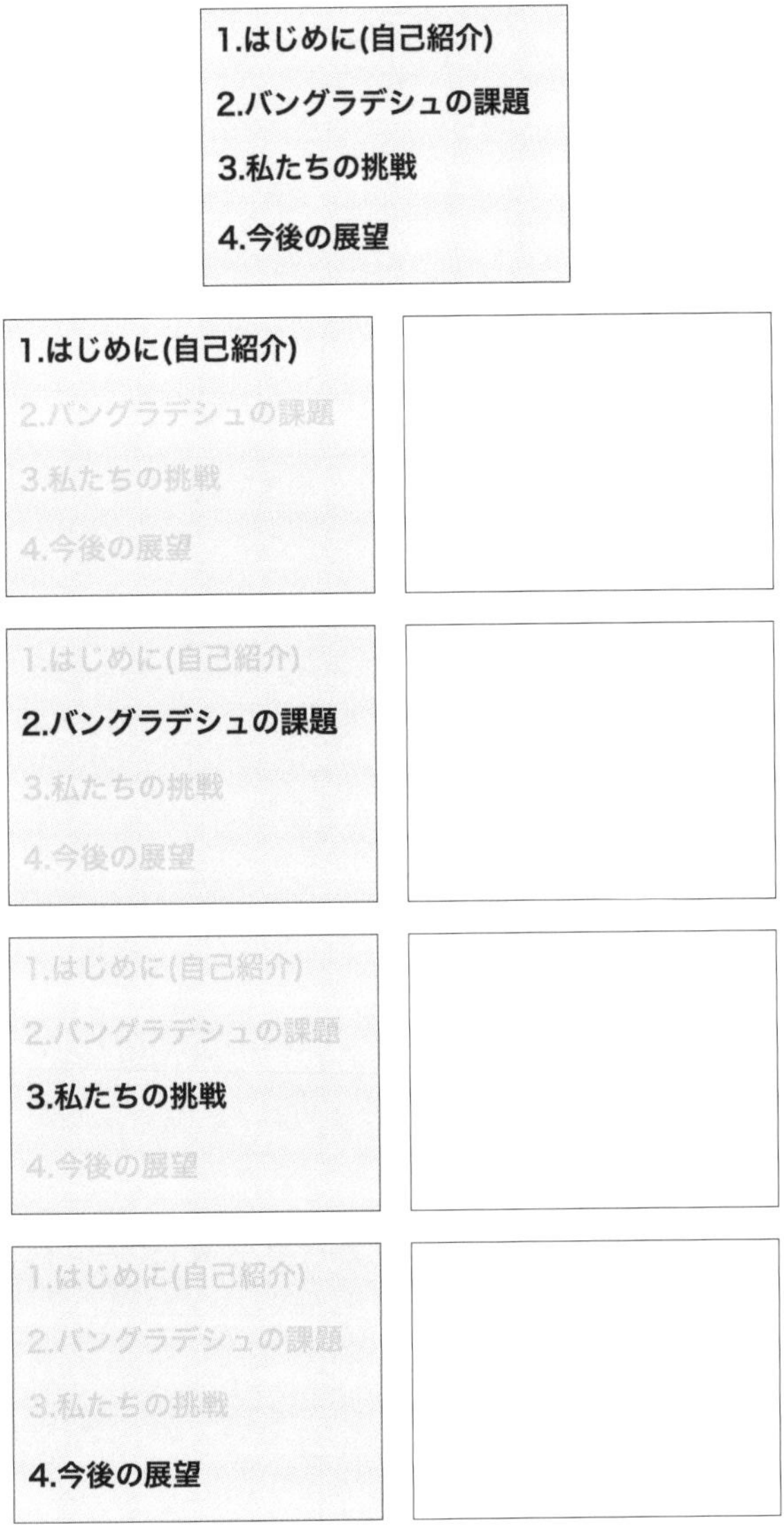

ブリッジ・スライドの例。話の全体像が見えて分かりやすい。著者作成

数分や十数分のプレゼンでは不要ですが、1時間を超えるようなプレゼンの場合、聞き手は必ず、話の途中で「今、何の話をしているのか」「あとどのくらい話が続くのだろうか」と不安になります。現在地とゴールまでの道のりが明確になれば安心して話の内容に集中できる。そのためのツールがブリッジ・スライドです。

もう一つ、有効なのが無地スライド。白紙、もしくは黒塗りの無地のスライドを挟むのです。情報ゼロのスライドが表示されれば、聞き手は話し手に視線を移します。

パワーポイントでもキーノートでも、ソフトウェア側で暗転のショートカットキーが設定されており、スライドを加えなくても、暗転させることはできます。聞き手の目線をスライドから話し手に移す必要があるなら、ぜひ無地のスライドや暗転のショートカットキーを有効活用しましょう。

3 文字より写真、写真より動画

「百聞は一見にしかず」という言葉があるように、写真は言葉で伝えるよりもはるかに情報量が多く、さらに動画は写真よりもはるかに情報量が多いです。

もちろん、プレゼンの主役は話し手です。写真や動画に聞き手の意識が向かいすぎるのも問題です。ただし、僕のように途上国の高校生の進学を支援してもらいたいという、聞き手とは無縁の世界の話をする場合には、共感を得るための小道具として写真や動画は重要な役割を果たします。

写真の中でも、特に話し手が写っているものは効果的ですが、普段から意識的に記録していないとプレゼンで使える写真や動画にはなりません。日頃から撮ってもらうなどの心がけが必要です。

また写真の必要性があるにもかかわらず、写真がなかったり、十分なクオリティの写真ではなかったりする場合は、フリー素材を活用したり、写真を購入したりする手段もあります。

フリーの写真だと、どうしてもイメージ通りのものが見つからず、妥協するとかえって誤解を生んでしまうこともあります。本当に必要なら、多少のコストはかかっても、イメージに合う写真を買うことも検討しましょう。

「共感スライド」まとめ

- そもそもスライドありきの発想を疑おう。
- 不要なら無理にスライドを作る必要はない。
- スライドを作る時はわび・さびの精神を大切に。
- 1スライド0・5メッセージで
- 不完全な方が余白が生まれ、共感につながる。
- 文字数や文字のフォントやカラーは極限まで少なく、
- 図表も不要な要素を削り、
- アニメーションや画面の切り替えはなくていい。

第4章

最強ではなく最愛の存在に、
ルフィの人間力が教科書

弱みをさらけ出して味方にする「共感トーク」

次の2つの文章を比べてみてください。

自己紹介 A

「僕は途上国で教育支援をしているNPO法人e-Education代表の三輪です。創業して10年、困難は多々ありましたが、たくさんの方々に応援・協力いただいたおかげで、これまで14カ国で3万人の子どもたちの教育支援をしてきました。

その活動が評価され、2016年には経済誌『Forbes』の「アジアを牽引する30歳以下の若手リーダー30人」に選ばれました。ほかに受賞されたのは、メジャーリーグで活躍する田中将大選手、体操の内村航平選手、プロテニスプレーヤーの錦織圭選手たちで、彼らと同じ賞をもらえて本当に光栄です。これからも彼らに負けないよう、世界中の子どもたちの夢を応援できるリーダーになるように頑張ります。どうか応援よろしくお願いします」

自己紹介

B

「僕は途上国で教育支援をしているNPO法人e-Education代表の三輪です。僕は飽き性で、あまり物事が続かない性格ですが、気がつけば活動を始めて10年になります。自分でも驚いていますが、ほかにも驚いたことがあります。

2016年、経済誌『Forbes』が選ぶ「アジアを牽引する30歳以下の若手リーダー30人」に選ばれたことです。一緒に受賞したのはメジャーリーグで活躍する田中将大選手やプロテニスプレーヤーの錦織圭選手。夢にも思いませんでした。彼らのようなカリスマ性はなくても、夢の大きさだけは負けたくなく、これからも世界中の子どもたちを応援できるよう、今できることを一つひとつ頑張っていきます……が、すぐに不安になる人間なので、よかったら応援してもらえるとうれしいです」

さて、どちらの自己紹介の方が応援したくなったでしょうか？

どちらも実際に僕がプレゼンで使っていた自己紹介ですが、AからBに切り替えると圧倒的に活動を応援してもらえるようになりました。同時に僕自身も、肩の力を抜いて自分の経歴を話せるようになったのです。

以前は、強く正しいリーダーを目指し、そうなれるように振る舞いや言葉選びにも注意していました。ただこの頃は、部下や仲間、プレゼンの聞き手に共感されることがありませんでした。逆に弱さや失敗を素直に認め、打ち明けるようになってからの方が、聞き手の共感を誘い、本気で応援したいと言われることが増えました。

では、弱さや失敗をさらけ出すリーダーとは、どんな存在でしょうか。

例えばベストセラー漫画『ワンピース』の主人公、麦わらのルフィ。彼はとても強い力を持つ一方で、海賊なのにカナヅチで泳ぐことができません。それにもかかわらず、好奇心を抑えきれずに何度も海の中に飛び込み、その度に仲間に助けられてきました。ルフィの魅力はその強さではなく、愚直でまっすぐな愛らしいキャラクターにこそあるのです。

最強ではなく、最愛を目指す。それがルフィから学んだことであり、プレゼンはも

ちろん、普段の会議や会話の中でも非常に大切にしている心構えでもあります。本章では、そんな聞き手から愛される「共感トーク」の作り方を紹介します。

話し手と共に変容する共感トーク

シナリオ、スライド、トーク、トレーニングというプレゼンを構成する4つの要素のうち、シナリオこそが何よりも重要であり、スライドは最も優先順位が低いと説明してきました。ではトークはどうかというと、これはシナリオと双璧をなすほど、共感プレゼンにとって重要です。

トークがうまければ、スライドなどなくても、多少シナリオに矛盾があっても、聞き手の心を揺さぶり、応援してもらうことができます。それくらいトークは重要で、このスキルがプレゼンの成否に大きな影響を与えます。

ただシナリオやスライドと比べると、短期間で会得し、実践できるものではありません。また話し手の経験が増すにつれ、トークも自然と変化していきます。

なぜトークが変わるかというと、それは話し手のキャラクターが刻々と変わっていくためです。そして話し手のキャラクターこそ、共感トークの基本であり、中核でもあると僕は考えています。

あなたは、自分のキャラクターをしっかりと理解できているでしょうか。

弱さや失敗があるから愛着が生まれる

僕は、小さい頃から自分の涙もろい性格にコンプレックスを抱いていました。

「全米が涙した!」とうたう映画は百発百中で泣きますし、漫画を読んで目の下が赤く腫れるまで泣くこともしばしば。高校時代、授業中に前日読んだ漫画のことをふと思い出して泣いてしまったこともあります。先生やクラスメイトに心配されたあの恥ずかしい記憶は、一生思い出したくもありません。

社会人になっても30歳を過ぎても、この泣き癖は治らず、「涙　出さない方法」とネットで検索して対策を調べたほど。それくらい涙もろさを弱みと感じており、特にe-Educationの代表になってからは、強く正しいリーダーになろうと無理に涙を我慢する努力をしてきました。

仲間が次々に組織を離れていった時も、ぐっと涙をこらえていました。もっと強くならなければと躍起になった結果、言葉尻が強くなり、部下や仲間に不寛容になっていきました。ちょっとした相手のミスが許せずに問い詰めることが重なって、衝突も増えました。

強く、正しいリーダーになろう。そう自分に言い聞かせるほど、仲間たちの心の距離は離れ、次々と団体から去っていったのです。

転機が訪れたのは部下のひと言でした。

「三輪さんは、いつも議論に勝とうとしすぎです。正直、三輪さんが怖いです」

勇気を出して、泣きながら訴えてきたのです。彼の涙を思い出すと今でも激しい後悔で胸が痛みます。ただこの言葉が、僕がコミュニケーションのあり方やプレゼンのスタイルを大きく見直すきっかけとなったのです。

強さや正しさももちろん大切です。しかし、それを意識しすぎるばかりに、弱さや失敗をさらけ出せなくなるなら、そこに人間としての魅力は生まれません。

「勇気を出して指摘してくれてありがとう」

部下の涙に誘われるように僕も涙を流しながら、それまで打ち明けることのできなかった弱さをさらけ出しました。

リーダーとして間違うことが怖かったこと、涙を見せて部下に呆れられるのではないかと不安だったこと、正しい決断さえ下していれば仲間がついてきてくれるとおごっていたこと。素直に打ち明け、間違いを認め、部下や仲間たち一人ひとりと丁寧に話す時間をつくりました。

あれから僕は涙もろい代表と思われるようになり、プレゼン中にもしょっちゅう泣くようになりました。しかし、僕にとってコンプレックスだった涙もろさをさらけ出すようになった方が、部下やプレゼンの聞き手が、僕の話に共感してくれるようになったのです。

弱さや失敗があってもいい。むしろ、それをさらけ出した方が聞き手は話し手の人間性に愛着を抱き、より共感しやすくなる。たとえ弱さや失敗を打ち明けても、それを責める人より、応援してくれる人の方が圧倒的に多い。

弱さや失敗の経験こそ、共感トークを生みだす最大の武器なのです。

あなたは、あなたの個性のままでプレゼンに挑めばいいのです。

ただ、それでも自分自身のキャラクターを客観的に把握している人は極めて少ないように感じます。

主人公になったつもりで個性を分析

好きな漫画の主人公は誰ですか。その性格は――。

こう聞くと、多くの人が即答できます。例えば『ワンピース』の主人公のルフィが好きなら、「陽気」「負けず嫌い」とスラスラ回答できるでしょう。しかし、同じように自分の性格についてパッと答えられる人は多くはありません。

人間の性格というのは、客観的に眺めるから見えるものであり、自分自身のキャラクターについて、当の本人が一番理解していないものなのです。

唯一、自分を知る方法が、周りの人からフィードバックを受けること。ただ、十分な信頼関係がなければ弱点や短所まで率直に指摘してくれることはありません。また自分の内面、特に弱い部分と向き合うには勇気や覚悟も必要になります。

そこでお勧めしたいのが、漫画の主人公になりきって自分のキャラクターを生き生きと輝かせる方法です。

まずは自分自身を物語の主人公に見立てましょう。そして自分が把握している長所や短所が、物語の進行上でどんな意味を持つのか、過去に成功した体験が今の性格とどう結びつくのか、特に弱みと成功体験がどう結びついたのかを整理するのです。

漫画の主人公を見るように弱さや過去の失敗、間違いを見つめて、現在の自分の姿と結びつけていくと、少しずつ愛着が湧いてきます。

自分の性格が、明日すぐに変わることはあり得ません。僕の涙もろさのように、ずっと抱えてきたコンプレックスやなかなか克服できない弱点は、誰にだってあるはずです。しかしその弱点や欠点は、捉え方を意識的に変えるだけで、人間味あふれる個性に変えられるのです。

性格によしあしはありません。大切なのはどう意味づけるかです。

漫画家になったつもりで、自分を主人公に見立てて観察してみましょう。すると、自分では短所や弱点だと思っていた部分も、生き生きと輝く個性に変わるはずです。

弱みと強みの互換表

弱み（短所）	強み（長所）
自信がない	謙虚、自分を過信しない
臆病、優柔不断、心配性	慎重、リスクマネジメントが得意
行動が遅い	念入り、綿密で着実
繊細、気が弱い	感受性が強い、思いやりがある
意思が弱い、流されやすい	他者の意見を尊重できる、柔軟性が高い
人見知り	人をよく観察している
主体性がない、遠慮しがち	協調性がある、チームワークが得意
人前で話すのが苦手	話をよく聞ける、話す前によく考える
飽きっぽい	好奇心が旺盛、気分転換が早い、物事にこだわらない
落ち着きがない	行動力がある
せっかち、焦りやすい	仕事が速くてきぱきしている、時間意識が高い
おせっかい	コミュニケーション能力が高い、面倒見がいい
計画性がない	機転がきく、臨機応変に対応できる
陰気、暗い	冷静沈着、調子に乗らない
頑固、わがまま	芯がある、意思が固い
負けず嫌い	粘り強い
視野が狭い	一つのことに打ち込むことができる
でしゃばる	自発的、行動力がある
おおざっぱ	おおらか、細かいことにとらわれない

弱みと強みは表裏一体。弱みだと思っていることが強みになるケースも多く、その一例を紹介します。著者作成

誰にだって、ルフィのような愛される短所や失敗談は確実にあるはずです。146ページの表のように弱みを強みに捉え直してみてはどうでしょうか。

トークは心を動かすリズムで

シナリオやスライドが完成し、自分のキャラクターの輪郭をハッキリ捉えることができても、時にプレゼンが失敗することはあります。

漫画にたとえると分かりやすいのですが、物語の設計が素晴らしく絵もきれいで、主人公のキャラクターが魅力的だとしても、リズムよくストーリーが展開しないと、途端に魅力が色あせます。リズムやテンポの悪い漫画はやはりおもしろくありません。

プレゼンも同じです。どんなにシナリオやスライドが素晴らしくても、トークのリズムやテンポが悪いと、聞き手は途中で飽きてしまいます。こういったプレゼンを見る度に、もったいないと残念な気持ちになります。

一方で、トークの練習をあまりしなくても、リズムよく話せる人もいます。残念ながら、僕は準備や練習なくしてリズムよく話すことができないのですが、だからこそトークが苦手な人でも、リズムよく話せるようになるテクニックを開発することができました。僕が特に意識している3つの法則を紹介します。

1 チラ見せから始まるモヤモヤスッキリの法則

「プレゼンは結論から話しなさい」

書店に遊ぶプレゼンの指南書を見ると、多くの本でこう主張しています。しかしこれを鵜呑みにするのは少し危険かもしれません。というのも、僕がプレゼンがうまいと感じた人で、最初に結論を言い切る人は、これまで一人もいなかったからです。

考えてみれば当たり前の話です。最初に結論を完全に言い切ったら、それ以降の説明は最後まで聞く必要がありません。おまけをずっと聞かされるのは誰だってイヤなはずです。ただ、だからといってどんな内容を話すのか一切伝えずにプレゼンが進むと、聞き手は不安を抱いてしまうでしょう。

聞き手の不安を解消し、話を聞き続けるモチベーションを持ってもらうには、プレゼンの冒頭で「結論の一部」を紹介する、いわゆる「チラ見せ」をするのです。

僕は、優勝したプレゼン大会の冒頭でこんなチラ見せをしました。

「今日は3つのことをお伝えします。1つ目は、バングラデシュという国について知ってもらうこと。2つ目は、私たちe-Educationの活動について知ってもらうこと。最後に、仲間になってもらうこと。みなさんに仲間になってもらうことが本日のゴールです」

プレゼンの方向性は示しつつ、大事な部分は伏せられている。すると聞き手の中にモヤモヤが生まれます。e-Educationはどんな活動をしているのか、仲間になるとはどういうことか――。このモヤモヤを解消するためにプレゼンを真剣に聞くのです。

プレゼンでは、最初と最後に結論を言うのがセオリーだと言われています。

しかし正しくは、最初に結論をチラ見せして聞き手にモヤモヤを作り、最後に完全な結論を伝えてスッキリしてもらう。これが、いいリズムのあるプレゼンなのです。

最後に話の全体像が見通せてスッキリすると、これがある種のカタルシスとなって共感を生みだす原動力にもなり得ます。

少しずつ謎が明かされ、気づいたら最後までトークに魅了されていた。最初はモヤモヤ、最後にスッキリ。これを意識するだけで、プレゼン全体のリズムが良くなり、聞き手の共感度はぐっと高まります。

ただし、一つだけ注意が必要です。この法則は、あくまで聞き手が最後まで話を聞いてくれる前提のプレゼンのことです。上司への報告などで同じような話し方をすると、「さっさと結論を言え」と怒られることもあるので気をつけましょう。

2 お化け屋敷のようなハラハラドキドキの法則

プレゼンの最初にモヤモヤを、最後にスッキリを作るなら、途中は何を意識するのでしょうか。

僕は緊張と緩和を意識して話すようにしています。言い換えれば、聞き手をハラハラドキドキさせるトークを目指すのです。人によっては、聞き手を緊張させることに抵抗がある人もいるかもしれません。ですが、その不安は捨てましょう。

お化け屋敷にたとえるなら、それは来場客が驚きすぎないよう控えめにアクションするのと同じこと。それではちっとも怖くなく、心も揺さぶられません。プレゼンの聞き手は別に緊張することを望んでいるわけではありませんが、この緊張感こそトークを真剣に聞き続けるための心の動きになるのです。

お化け屋敷を出る時、つまり緊張が緩和する時に人の心は一気に上向き、それが感動につながります。感動的な映画や漫画は、涙を流すポイントの前に緊張状態が続いています。緊張していた時間、ハラハラドキドキしていた時間が長いほど、それがふっと解けた瞬間に人は涙を流すのです。

ただ、今では映画や漫画をはじめとして、僕たちは感動する物語と簡単に出合えるようになっています。起承転結という流れも一般化され、転の後にはきっと結が来ると、聞き手に先を読まれることも少なくないでしょう。

だからこそ、プレゼンの中には、2つ以上の緊張と緩和、フタコブラクダの背中のように、連続して山場を作るのです。**ジェットコースターのように緊張と緩和を繰り返しながらトークを進めていくよう心がけましょう。**

僕も日頃からこれを意識しています。泣きながら勉強していたバングラデシュの高校生との出会いから、彼らが大学進学という夢をつかむまでの話が一つ。その後、テロ事件が起きて、僕が心と体を崩してから立ち直るまでの話がもう一つ。2つの山場を連続して続けることで、緊張と緩和のタイミングが少なくとも2回以上作れます。

これは僕がゼロから編み出した方法ではありません。最近のディズニー映画やピクサー映画では、もれなく作中に2つ以上の山場があり、ジェットコースターのように浮き沈みしながら物語がクライマックスへ進んでいきます。

プレゼンの途中に、緊張と緩和を生むトークがあるでしょうか。緊張を作る時は遠慮なく聞き手をハラハラドキドキさせる話し方ができているでしょうか。そんな視点で、トークをチェックしてみてください。

3 沈黙で視線を集めるシーンザワザワの法則

「三輪くんのプレゼンってさ、なんか話がうますぎて人間味に欠けるんだよね」

練習に練習を重ね、リズムをしっかり意識しながら納得のいくプレゼンができたと思った時、尊敬する先輩経営者からこんな評価をもらいました。キャラクター設定やシナリオ作りにも甘さがありましたが、それ以上にトークに改善点があることがすぐに分かりました。

プレゼンがうまくなるには、本番や練習の場数が必要だと僕は考えています。ただ練習を重ねるほど言葉がスラスラと出るようになり、どこか機械的なトークに見えてくるというリスクもあるのです。

どうしたら機械的な印象を排除し、人間味あふれるトークができるのでしょうか。

最もシンプルな解決策は対話です。僕もよく使っていますが、聞き手に質問を投げかけてトークを進めていくのです。例えば、こんな形で進めます。

話し手「バングラデシュって、どんなイメージでしょう」
聞き手「貧しい国のイメージです」
話し手「そうですよね。では具体的に1日に、いくらくらい稼いでいると思いますか」
聞き手「分からないけど1日1000円くらいですかね。月3万円くらい？」
話し手「いい線をいっていますが、実はもっと貧しいんです。村に住んでいる人だと1日500円くらいの稼ぎの人がたくさんいて、家には電気もありません」

こう会話を重ねることで、用意した台本から外れることができます。聞き手も「自分に話しかけられている」と感じて心の扉を開いてくれます。

ただ、対話スタイルでは全員に質問を投げかけることができないというデメリットもあります。プレゼン大会などでは、聞き手に質問を投げかけること自体が禁止されているケースもあります。

こんな時、僕が意識しているのは「間」を作ること。話の流れを変えたい時や緊張状態を意識的に生みだしたい時、僕はあえて数秒間の沈黙を作って、機械的なトークから抜け出すように工夫しています。シーンという沈黙とザワザワという空気を意識的に作るのです。

3秒の沈黙を作ることはとても勇気がいります。始めの1秒で会場の空気がガラッと変わり、2秒で自分に視線が集中し始め、3秒後には何とも言えない静寂が押し寄せてきます。

プレゼンというと話すことばかりに意識が向きがちですが、沈黙のように「話さない時間」も実は大事な要素なのです。 そしてこの間を意識的に使えるかどうかで、プレゼンの印象はガラッと変わります。沈黙を武器に変えましょう。

最後のひと言にこだわりを

弱みや欠点をさらけ出して愛されるキャラクターになること。その上で、聞き手の心を動かすリズムを工夫すること。共感を生みだすためのトークは基本的に、このキャラクター設定とリズムで9割が決まります。

ただ、残りの1割も重要です。聞き手に行動してもらいたいなら、「ほとんどは共感できたけれど、一部は共感できなかった」という感想を抱かれてはダメなのです。目指すべきは100%の共感と、その先にある聞き手の行動が変わる未来です。そのためには最後の最後までこだわる必要があります。

共感トークを実現する最後のポイントは、言葉の選び方。こう言うと、枝葉末節にこだわっているようですが、枝の先にこそ花は咲きます。この花が枯れていたら木全体が汚く見えてしまうのは、容易に想像できるでしょう。

だからこそ言葉を磨きましょう。プレゼンに必要な言葉磨きは、たったの3つ。「翻訳」「可視化」「WHY」というシンプルな作業を実践するだけでいいのです。

聞き手の立場で分かりやすい言葉に「翻訳」する

何度も繰り返しますが、プレゼンにおいて、聞き手の視点を持つことは何よりも大切な心構えです。これは言葉選びでも同じです。

僕は途上国で映像教材を使った教育支援をしていますが、実体験に沿って「東進ハイスクールのモデルを参考にした」と話しても、年配の聞き手にはあまり理解されません。概念は理解できても、映像教材で学んだことのない人にとって、「DVD授業」という単語だけでは具体的なイメージが湧きづらいのです。一方で「子どもにより良い教育を受けさせてあげたい」という思いは、年配の人ほど共感してくれます。

そのため、聞き手の年齢層が高い場合は、僕の活動内容そのものを紹介するよりも、必死で勉強する村の高校生と出会った時のエピソードを伝え、なぜ現在の活動をしているのかという背景を丁寧に話しています。

聞き手の年齢層がバラバラの場合は、僕はできる限り年齢の低い聞き手、例えば高校生や中学生などを意識し、彼らが理解できる言葉を選ぶようにしています。

注意したいのがカタカナ言葉。例えば僕たちは、「ドロップアウト」した子どもたちへの教育支援をしているのですが、この「ドロップアウト」は国際協力関係者や教育関係者なら理解できますが、そうでない人は分かりません。そこで、中学生や高校生でもスッと理解できるよう「何らかの理由で学校に通えなくなった」と置き換えるようにしています。

言うなれば「翻訳」です。**単に分かりやすい言葉を選ぶのではなく、聞き手がスッと理解できる言葉に置き換えるのです。**ただこれは、一人では難しくもあります。ですから練習段階で、なるべく立場の異なる人にトークを聞いてもらい、分かりにくい表現を指摘してもらうようにします。最後のひと言までこだわりましょう。

2 情景が浮かぶように「可視化」する

2つの文章を用意しました。どちらも同じ情景を説明したものです。

情景描写A

バングラデシュの農村には、大学進学を目指して必死に勉強している高校生がいました。目的はいい大学に入っていい職を得て、安定した収入を獲得し、家族を幸せにすること。深夜遅くまで勉強している姿を見て、僕は胸を打たれました。

情景描写B

バングラデシュの農村を訪ねた時の話です。ホテルが停電して、暑さで寝ることができず、風に当たろうと外を歩いていたら、街灯の下で勉強している高校生に出会いました。時間は23時過ぎ、気温は30度以上。彼は額に汗を浮かばせながら、ボロボロになった教科書を必死に読み込んでいました。

なぜ、こんなに必死に勉強しているんだろう。気になって声をかけてみると、「家族を幸せにしたい、だからいい大学に入って、いい仕事に就きたいんです。家に電気が通ってないので、夜はいつもここで勉強しているんです」と少し悲しそうな笑顔で事情を打ち明けてくれました。彼の汗の染み込んだボロボロの教科書を見て、僕は胸を打たれました。

いかがでしょう？　Ａの説明では、バングラデシュの高校生がどんな環境で勉強しているのかイメージしづらいはずです。一方で、Ｂの説明だと胸を打たれる人もいるのではないでしょうか。情景が目に浮かぶように説明することで、聞き手のイメージが膨らみ、共感を引き出しやすくなります。

これは情景の説明だけでなく、データなど、数字の説明をする時にも役立ちます。

例えばセクシュアルマイノリティ（LGBTなど）の人口比率が5％であるということを、トランスジェンダー活動家の杉山文野さんは、次のような言葉で説明しています。

日本において、セクシュアルマイノリティと呼ばれる人たちは少なくとも5％いると言われています。5％と聞くと少ないと思う人もいるでしょう。では、ここで2つ質問をします。まずはこの会場で、鈴木、佐藤、高橋、田中という名字の人は、手を挙げてもらえますか。（1〜2人、手を挙げる）それでは、鈴木、佐藤、高橋、田中の名字の友達がいる人は手を挙げてください。（会場の大半の人が手を挙げる）

実はこの4つの名字が日本で最も多いと言われていますが、合計しても5％程度。これが、5％という数字です。

単に「セクシュアルマイノリティの人は人口の5％いる」と説明するのと、「セクシュアルマイノリティの人の割合は、鈴木、佐藤、高橋、田中という名字の人と同じ確率で存在する」と説明するのでは、聞き手の理解に大きな差が生まれます。名字を例にするだけで、「5%」はただのマイノリティの数字から、「友達や同僚の中にも該当者がいるかもしれない数字」に変わります。「5%」を別の形で可視化し、より伝わりやすく工夫しているのです。

プレゼンの中で特に強調したい数字があれば、それを聞き手にとって身近な数字に置き換えることができないか、じっくり考えてみましょう。**数字や情景がよりイメージしやすくなると、聞き手はプレゼンの内容に一層、共感しやすくなります。**

3 WHATではなく「WHY」を大切に

「もっと言葉に感情を込めましょう」

これは、僕がプレゼン指導を受けた時にもらった言葉ですが、正直に告白すると、どの言葉に感情を込めたらいいのか分からず、ずっと誤解したままでした。

「不可能なんてない」「微力だけど無力じゃない」

僕はプレゼンの最後にいつも大好きな言葉を入れ、ここに情熱を注いで話を締めくくっていました。しかしアンケートを見ると、最後の言葉ではなく、途中のエピソードに心を打たれた、という感想が多かったのです。

途中で話したのは、「なぜ」行動しようと思ったかという経緯の紹介でした。バングラデシュの農村の高校生たちが「僕らは貧乏だから、大学に行くのは不可能なんだ」と泣きながら打ち明けてくれて、胸を打たれた時のこと。田舎育ちだった僕の生い立ちと重なり、彼らが夢を諦めるような世界は絶対にイヤだと思って活動を始めたという話です。

何をしたのかではなく、なぜ行動したのか。聞き手の心を打つのはＷＨＹの部分です。だから、行動の原動力となった思いの部分に熱を込めて話しましょう。聞こえのいいきれいな言葉を並べる必要もありません。

ＷＨＡＴを熱く語るのではなく、ＷＨＹに感情を込めて伝えること。これが最後に聞き手の心を開き、行動を変えるための最後の一押しになるのです。

「共感トーク」まとめ

弱さや欠点をさらけ出して、
愛着を持たれるキャラクターになろう。

モヤモヤスッキリやハラハラドキドキ、
そしてザワザワシーン……心を動かすリズムで
聞き手の注目を引きつけよう。

分かりづらい単語は聞き手視点で言い換える。
情景や数字はピンとくるような表現に変えよう。

何をしたかよりもなぜ行動したのかを伝え、
最後のひと言までこだわろう。

第5章

誰よりも練習をした
イチローの背中に学ぼう

繰り返して
五感に刷り込む
「共感トレーニング」

「努力せずに何かできるようになる人のことを天才というのなら、僕はそうじゃない。努力した結果、何かができるようになる人のことを天才と言うのなら、僕はそうだと思う。人が僕のことを努力もせずに打てるんだと思うなら、それは間違いです」

これは20年以上前、元プロ野球選手のイチローさんがインタビューで語った言葉です。高校時代、甲子園を目指して必死に練習していた僕にとって、彼の言葉は大きな支えであり、努力の意味について深く考えるきっかけとなりました。

努力で大事なのは質か量か――。

小学校の頃から、365日中360日以上練習し、プロ野球選手になってからも、自分のバッティングフォームをビデオで撮影して、研究と改善を重ねてきたイチローさん。彼は、世界トップクラスのアスリートと言えます。

プレゼンの練習で目指したいのもイチローさんの姿です。会社の看板や誰かの期待を背負って人の心を動かすプレゼンに挑むということは、球団やファンのためにプレーする野球選手と同じようなもの。何の練習もせずにプレゼンに挑むのは、素振りを一度もせずにバッターボックスに立つのと同じくらい危険なことです。

高校球児がプロ野球選手のバッティングフォームを参考にするのと同じように、プレゼンでも、目標にする話し手を研究すべきです。自分のプレゼンの様子をビデオで撮影して見直してみる。トレーニングはそこから始まります。

シナリオ、スライド、トーク、トレーニングというプレゼンを構成する4つの要素のうち、トレーニングは人によって優先順位が大きく変わります。トレーニングしなくてもイメージ通りにプレゼンできる人にとっては最も優先順位が低く、トレーニングしないとイメージ通りにならない人にとっては最も優先順位が高い。あなたはどちらでしょうか。

本章で説明するのは、どれも基本的なことばかりです。練習を積み重ねた人にとってはあまり参考にならないかもしれません。

ただ、仕事や勉強では練習や基礎固めの重要性を知っている人でも、プレゼンのトレーニングはしてこなかった、もしくはトレーニングの方法が分からない、という人は多いようです。事実、僕自身もかつてはそうでした。そんな人に向けて、僕が日々欠かさず実践しているトレーニング方法を紹介します。

場数を重ねてスキルを磨こう

プレゼンが上手な人は、もともと話すのが得意な人なのではないか。それなら練習してもあまり意味がないのではないか——。そう勘違いしている人が多いようです。

しかし、プレゼン上手な人が必ずしも話し好きというわけではありません。むしろ会話が苦手な人もたくさんいます。もちろん、話すのが苦手な人が何の練習もなく人前で流暢《りゅうちょう》にプレゼンができるわけではありません。その人たちは、気が遠くなるほど練習や実践を重ねて、プレゼンスキルを磨いてきたのです。

2014年、世界各地でアイスクリーム事業を展開するBen & Jerry'sのソーシャルビジネスコンペティション「集まれ！よよよい仲間たち」の最終選考に、僕は選ばれました。決勝は10分のプレゼン審査。僕にとってはe-Educationの代表に就任して初めての大舞台で、どうしても優勝したいと考えて、特訓を重ねていました。

本番当日、プレゼン会場に入ると、審査員の中には僕が以前からお世話になっていた先輩ＮＰＯ経営者がおり、「頑張ってね」と声をかけてもらいました。おかげで肩の力が抜け、練習以上の成果を披露することができました。

これは優勝、間違いないぞ。そう確信して、結果を楽しみにしていました。

しかし、優勝したのは別の候補者でした。ホームレス状態の人を生みださない社会をつくるために奮闘している認定ＮＰＯ法人Homedoor理事長の川口加奈さん。彼女は僕よりも年下ですが、ホームレスの問題に15年以上も向き合ってきた先輩ＮＰＯ経営者であり、彼女が選ばれたことは、半分は納得できました。

それでも優勝を逃したことがとても悔しく、発表直後に直接、どうやってプレゼンスキルを磨いたのかを尋ねてみました。返ってきたのは、「場数を積み重ねただけ」というシンプルな答え。拍子抜けしました。

さらに話を聞くと、彼女も起業当初は何を話していいのか分からない経験をしたそうなのです。そして今でも人前で話すのは得意ではないそう。それでも、先輩起業家のプレゼンから学び、川口さん自身も年１００回以上プレゼンを実践する中で、自然体で話すことができるようになったというのです。場数の差を痛感しました。

話し手の原体験に勝る感動はない

実際に彼女のプレゼンを聞くと、確かに僕は心が揺さぶられ、涙が流れ、途中からは嗚咽《おえつ》をもらしてしまいました。僕以外の聞き手も同じように涙ぐみ、感動していました。それは、彼女が最も心を揺さぶられた体験を素直に話していたからです。

川口さんは仕事を通じていくつもの感動体験をしており、そこから感じたことを、「（ホームレスの）おっちゃんがな……」と愛情を込めて語ります。人前で話す気負いの感じられるプレゼンとは異なり、自然体で、まるで聞き手一人ひとりに向けておしゃべりをしているように穏やかで、けれども力強く話すのです。そんな川口さんの言葉に多くの人が胸を打たれるのは、よく理解できます。

第2章「共感シナリオ」の企画書作りの部分でも説明したように、どうしても伝えたいという話し手の強い意思こそ、人の心を動かす最大の原動力となります。どうしても聞いてもらいたい感動の原体験に勝る物語はありません。

僕は川口さんのプレゼンに心が揺さぶられ、涙を流しました。そして僕自身ももっといい話し手になりたいと思いを改めました。それ以来、積極的にほかの人のプレゼンを聞く機会を増やしました。そして他人のプレゼンに感動する度に、悔しくなると同時に、もっといい話し手になろうと心を入れ替えているのです。

みなさんには、悔しくなるほど感動したプレゼンがありますか。もしまだ出合っていないなら、今から探すことをお勧めします。**理想の手本をたくさん見つけることが、プレゼンスキルを磨くのに、そして自分が共感する力を養うのに、とても役に立つのです。**

ヒントは身近な人の中にある

プレゼンのスキルを磨くなら、まずは手本になる素晴らしいプレゼンを繰り返し見ること。プレゼンの最高峰と言われるＴＥＤトークは、会場で披露されたプレゼンの大半をウェブ上に無料公開しており、誰でも視聴できます。

ほかにもネット上には膨大な数の素晴らしいプレゼン動画が公開されています。世界最高峰のプレゼンも、スマートフォンがあればいつでも手元で視聴できます。

「プレゼン　動画　お薦め」

本書を読んでいる人なら、以前にこんなキーワードで検索したことがあるのではないでしょうか。僕自身、かつてはプレゼンを上達させたい一心で、さまざまな本やブログで紹介されている動画を片っ端から見ていた時期がありました。

例えばスティーブ・ジョブズさんが登壇したスタンフォード大学の卒業式辞の動画。「伝説のプレゼン」と名高い素晴らしいスピーチです。ただし、この動画を繰り返し見ても、みなさんのプレゼンのスキルが一気に上達するわけではないのです。

この動画には、スライド作りのヒントもなければ、5分という短時間で印象的なプレゼンをするコツも分かりません。前提や目的が違う動画からは、なかなかヒントやコツを見いだすことができないのです。

そこで僕は普段、より身近な場所から手本となる動画を探すように心がけています。自分と同じようなNPOの仕事をしている人や、発表時間や聞き手の数が近いプレゼンなど、自分のプレゼンと共通点のある動画を探すのです。

共通点の多いプレゼンを見ていると、シナリオやスライド、トークのイメージがつかみやすくなります。そして毎回、素晴らしい話し手と自分のプレゼンスキルの差を痛感するのです。実は、ここに大きな価値があります。

「似たようなプレゼンなのに、どうしてこんなに差があるのか」

僕は、川口さんをはじめ、尊敬するNPO経営者のプレゼンに触れる度に、こう感じてきました。近い領域のプレゼンだからこそ、彼らと自分のレベルの差が明白に分かる。そうして感じた悔しさが、プレゼン向上の原動力になるのです。

例えば、社会起業をテーマにしたプレゼンなら、「社会イノベーター公志園」や「コモンズ社会起業家フォーラム」のプレゼン動画が参考になりますし、ピッチコンテストなら「ＩＶＳローンチパッド」や「ＩＣＣカタパルト」のプレゼン動画が役に立ちます。

本書の巻末に僕が何度も見返した素晴らしいプレゼン動画の一部をまとめています。ぜひ参考にしてください。

映画や音楽のようにプレゼンに親しむ

ほかの人のプレゼン動画を見る時、少し身構えたりしませんか。また同じプレゼン動画を繰り返し見た経験のある人も、ごくわずかでしょう。

しかし、映画や音楽は違います。好きな曲は何度も聞いて自然と歌詞まで覚えたりします。同じように素晴らしいプレゼンも、話し手の言葉遣いはもちろん、声のトーンや抑揚、立ち居振る舞いなど、繰り返し見聞きしていると自然と自分の中にそのプレゼンがインプットされていきます。

身構えず、映画や音楽に触れるようにプレゼンに触れる機会を増やしましょう。気に入った動画を繰り返し見ていると、自然にその話し方が自分の中にインプットされ、うまくなっていくのです。

もちろん、いろんな人の動画のまねばかりしていると、自分のプレゼンが彼らの劣化版になっていないかと不安になることもあるでしょう。

自分のオリジナリティはどこにあるのか――。優れたプレゼンを繰り返し見聞きして不安を感じていた時、ある先輩社会人からこんな助言をもらいました。

「日本語の『学ぶ』の語源は『真似ぶ』と言われていて、まねをすることは決して悪いことではないんだ。いろんな人から、少しずついい点を盗んで組み合わせることができたら、それはもう立派な三輪くんのオリジナルだよ」

トレーニング方法に対する迷いが吹っ切れた瞬間でした。

心から感動するプレゼンに出合うことができれば、まずはまねから始めていい。

歌手を目指す若者が好きなアーティストの歌い方を参考にするように、野球少年がプロ野球選手のスイングをまねるように、共感したプレゼンを自分のものにできるように吸収しましょう。

質も量も追求する共感トレーニング

誰かのプレゼンに感動した経験がある、もしくは素晴らしいプレゼン動画を見て共感した経験があれば、トレーニングの準備はもうできています。頭の中に完成イメージが描けているのですから、あとはそれに近づくだけ。難しい話ではありません。ただ、どんなにイチローさんのスイングを鮮明に記憶したとしても、練習抜きで同じようなスイングを実践することはできません。野球をしたことのない人なら、ボールにバットが当たりすらしないでしょう。

野球と比べれば、プレゼンは比較的日常の動作に近く、さほど練習をしなくても、それっぽくできる人もいます。それでも目指す完成形にはほど遠く、素人のスイングとプロのスイングくらいの差はあります。

もちろん、年100回以上プレゼンをする僕のような人間は稀です。多くの人は普段の仕事の隙間時間でプレゼンの練習をしなくてはなりません。十分な時間が確保できない中で、完璧な状態に仕上げるのは正直厳しいでしょう。

それでも聞き手の心を動かすために、どうしても超えてほしい壁が2つあります。

・時間を超過せず、スクリプトを見ないこと
・自分の悪い癖を事前に直すこと

トレーニングの目的は、端的に言えばこの2つの壁を超えること。そのためには練習の量を増やし、質を高めることが重要なのです。

1 時間を超過せず、スクリプトを見ないこと

悪いプレゼンの特徴は、決められた時間を超過し、話し手がただスクリプトを読み上げるだけのもの。これに異論を挟む人はいないでしょう。
決められた時間を超えると、聞き手の方が不安を感じるようになります。話がいつ終わるのか、進行は大丈夫なのか、次のプレゼンターに迷惑がかからないのか――。途中、どれだけ感動的な話をしても、時間を超えた時点で感動は消えてしまいます。

またスクリプトをずっと見ながらプレゼンする人とは、目線が合うことがほとんどありません。すると聞き手は「自分に向けられたプレゼンではない」と感じ、気持ちが冷めていくのです。どんなに美しい言葉が並んでいても、ただスクリプトを棒読み

していては、聞き手の心は動きません。

実は僕自身、かってはどちらもクリアできていませんでした。これを克服するには練習しかありません。1時間のプレゼンなら、実際に1時間話してみる。まずは練習量を増やして、繰り返しトレーニングをすること。これだけです。

練習を重ねれば、自然とスクリプトを見なくても話せるようになります。人によって習得までの時間はさまざまでしょうが、何度も繰り返せば話の内容も暗記しますし、一度スクリプトが頭に入れば簡単に忘れることはありません。

プレゼンに苦手意識のある人は、練習量が足りていないケースが大半です。逆に言えば、練習量を増やすだけで苦手意識を克服することができるのです。

スクリプトを見ずに時間通りに話せるようになれば立派なプレゼンターです。これから練習を始める人は、この状態を目指して、しっかりと練習量を確保しましょう。

2 自分の悪い癖を事前に直すこと

自分のプレゼンを動画で見たことがありますか。

プレゼンを磨く一番の方法は、自分をよく観察することです。スマートフォンを使って自分のプレゼンを動画で撮影してみましょう。確認する時、特に意識すべきなのは、その立ち居振る舞いです。猫背になっていないか、スライドばかりに目線が向かっていないか、ソワソワして体が不自然に動いていないか、確認してみましょう。一つひとつ、動作を直していけばプレゼンは確実に上達します。動画でチェックすると非常に多くの気づきがあるので、実践したことのない人は挑戦してみてください。

一度、プレゼンの動画を撮ったら、音だけを聞くのもいい練習です。「えー」「あのー」といった言葉の癖や、話に詰まったところが手に取るように分かります。聞き手の耳障りになる口癖をなくすだけでも、素人っぽさが消えていきます。

加えて、意識すべきなのが「間」の把握。話の切れ目で不自然な間がないか、もしくは意図してつくった間をきちんと演出できているか。この間をうまくコントロールできるようになれば、聞き手の心をつかみやすくなります。

プレゼン本番が近づいたら、ぜひ本番と同じ環境で練習してみましょう。

本番の会場で練習できればベストですが、それが難しくても、自宅や職場で可能な限り同じ状況を再現することはできます。例えば本番と同じ服装で、呼び込みを受けてステージまで歩いていくところから練習すれば、本番に近い緊張感も味わえます。心臓がバクバクするくらいの緊張感で練習できればしめたもの。

やりすぎと思うかもしれませんが、そんなことはありません。悪い癖を直し、本番さながらの環境で予行演習すること。こうして練習の質を高めれば、確実に上達するスピードが速くなっていきます。

本番当日までに必ず確認すること

プレゼンの直前や本番当日、そしてプレゼンが終わった後でも、いくつかの取り組みを実践しましょう。普段、僕が心がけていることを紹介します。

僕は、どんなに準備期間が短くても、必ず次の5つの項目だけはプレゼンの前にチェックしています。覚えやすいように5つのPでまとめました。

1 Purpose（目的）を改めて確認する

プレゼンは、聞き手の心をつかみ、話し手が狙う行動に導くためのものです。あなたは誰に、どんな行動をしてもらいたいのでしょうか。目的を改めて確認しましょう。

外部の依頼を受けた講演であれば、依頼主が何を求めているのか、会の趣旨を理解しましょう。コンペに応募する場合は、評価方法にもチェックが必要です。誰が何を評価して結果が決まるのかを確認してから、プレゼンに挑みましょう。

2 People（聞き手）を徹底的に調べる

聞き手の情報も事前に調べておきましょう。聞き手が多い場合でも、その全体的な属性は把握できるはずです。どんな年齢、業界、属性の人が多いのか。自社で主催するプレゼンでない場合は、主催者に確認しましょう。

また審査のあるプレゼン大会などの場合、ほかの話し手や審査員の情報が公開されていたら、それも把握しましょう。プロフィールや過去のインタビュー記事、SNSの投稿を見て、最近何をしているのかチェックするのです。一緒に登壇する人はどんな話をするのか、プレゼンを聞くのは誰か、プレゼンを評価するのはどんな人か、できる限りクリアに把握して本番に臨みましょう。

3 Place（プレゼンをする場所）を確認する

いくらいいスライドを用意しても、当日プロジェクターが使えなければムダに終わります。映像を流したくても、スピーカーがなければマイクで音を直接拾うなどの代替手段を考えなければなりません。

僕はプレゼンする際、プロジェクターやマイク、スピーカーの有無、そして会場の大きさや照明の有無といった細かな点も確認するようにしています。

場合によっては、前日までに会場の下見をすることもあります。下見が難しくても当日は早めに会場に足を運び、ステージから聞き手がどう見えるのかを確認します。

運営スタッフには多少負担をかけますが、より良いプレゼンを一緒に作り上げるためにも、場所の確認はきっちりと済ませるようにしましょう。

4 Print（プリント配布）が必要か確認する

大学や企業で講義する場合、プレゼンとは別に、プリントを用意してほしいという要望をもらうことがあります。僕は普段、プレゼン中は、聞き手にはできる限り話し手を見てもらいたいと考え、資料はプレゼン終了後に配るようお願いしています。

また第3章「共感スライド」でも触れた通り、資料は不完全であるべきだとも思っていますので、欠席者用にプレゼン資料を共有する必要があるなら、当日のスライドのコピーを渡すのではなく、要点をまとめた資料を用意するようにしています。

手間はかかりますが、それでも情報量の圧倒的に少ないスライドを渡したところで意味はありませんし、かといって配布資料に事前に目を通してもらいたくもないので、主催者としっかりと相談するようにしています。

5 Protocol（その場に合ったルール）を確認する

以前、タイで開催された国際カンファレンスでプレゼンしたのですが、ちょうど前国王が亡くなった直後で、黒または白の衣服の着用推奨、という指示がありました。服装をはじめ、事前にルールやマナーが決められているケースがあります。これはきちんと守る必要がありますし、気になることは事前に確認しておきましょう。

僕は普段、勝負服でもある赤いバングラデシュの民族衣装でプレゼンしていますが、これがルールに反しているかだけでなく、会場の空気を乱していないかという暗黙のルールもなるべく確認するようにしています。

ほかにも製品やサービスの実演など、特別な演出を考えている人は、必ず事前に運営スタッフに確認し、会場の空気に反しないか、確認した方が安心です。

直前はこの3つで完璧

いよいよプレゼン当日。頭が真っ白になりそうな緊張を感じているでしょうが、何とかこらえて、最後に次の3つの準備を進めましょう。

1 来場者と積極的に会話し、仲間をつくる

プレゼン本番まで時間に余裕があるなら、意識的に来場者と話すようにしましょう。

僕は普段、隣に座った人や周りにいる人と積極的に会話をするようにしています。聞

き手と先に仲良くなっていれば、その人たちは真剣に僕の話を聞いてくれ、共感が生まれやすくなります。聞き手の間で自発的に生まれた共感や感動は、まるで湖に波紋が広がるように、自然にほかの聞き手にも広がっていきます。急遽仲間になった聞き手が、あなたのプレゼンをサポートしてくれるのです。

プレゼンは本番だけがすべてではありません。会場にいる時間もフル活用し、居心地のいい状態で本番のプレゼンに挑みましょう。

2 最初の1分と最後の1分だけトレーニングする

本番まで残り1時間。ここまで来ると、「あとはどうにでもなれ」と投げやりになりがちです。ただこの最後の1時間を使って、プレゼンの最初の1分と最後の1分をとにかく練習しましょう。プレゼンの勝負は、最初と最後の1分で決まるとよく言われます。どうすれば聞き手の心をつかめるのか、話す内容や立ち居振る舞いを直前まで練り込むのです。最初に発する言葉や観客の反応、グッと心をつかむ最後の仕掛けなどを、何度も頭の中で繰り返せば、少しずつ心が落ち着いてきます。

3 最後は目の前の景色を楽しみ、感謝の心で

本番まであと10分、頭が真っ白になりそうな状態をこらえる必要はもうありません。ここまで来たら、あとは今までの練習を信じましょう。聞き手が、あなたの話に共感してくれたシーンをイメージするといいでしょう。

周りの人たちへの感謝の気持ちも忘れずに。貴重な機会を与えてくれた人や、会場の運営スタッフ、プレゼンを完成させるまで協力や応援してくれた人たち。彼らへの感謝の気持ちを心の中でつぶやくと、自然と緊張が和らいでいきます。

会場にいる人の顔をしっかりと見渡して、支えてくれる人の顔を思い浮かべ、彼らへの感謝の気持ちを込めて、目の前の景色を楽しみましょう。

本番終了直後が、最大の成長のチャンス

プレゼンのスキルが最も伸びるのは、本番が終わった直後の振り返りのタイミングです。この絶好のトレーニングの機会に効率良く振り返るには、「型」を知ることが大切です。僕はいつも、2つの型で自分のプレゼンを振り返っています。

1 振り返りの基本はＫＰＴから

ＫＰＴ（ケー・ピー・ティー）、もしくはケプトと呼ばれるこの方法は、ビジネスパー

ソンなら知っている人も多いでしょうし、普段から実践している人もいるはずです。

・Keep（今回できたこと）
・Problem（今回できなかったこと）
・Try（次回挑戦すること）

自分のプレゼン動画を見返して、何を維持するか、どこに問題があったのか、そして次に何を意識して挑戦するのかを分析するのです。振り返り方を事前に決めておけば、振り返りの精神的なハードルも下がり、精度は高まります。

その上で、聞き手の共感を得られたかという応用編の振り返りも紹介しましょう。

2 多様な切り口で精度を高める3×3

3×3、スリー・バイ・スリーと読み、3つのポイントで3人からフィードバックをもらうという方法です。具体的には、プレゼンの構成要素の中でもシナリオ、スライド、トークという3つの要素に振り返るポイントを細分化して、どこに課題があったのかを正確に把握するのです。

自分一人で実践するだけでも十分に効果はありますが、できれば、信頼できる3人から意見をもらうといいでしょう。プレゼンの感想は人によって異なり、感動する人とそうでない人に分かれることが多々あるからです。

例えば僕は以前、スライドのフィードバックを複数の知人に依頼しました。すると会場の後ろにいた人には見やすいと好評でしたが、前方で見ていた人は文字が大きくて圧迫感を覚えたと言うのです。どちらも理解できる指摘です。

そこで次回は、文字サイズは変えず、少し細めのフォントにして最前列でも圧迫感を覚えないように工夫しました。

率直な指摘をもらえる人たちから感想を聞けば振り返りの精度は格段に上がります。

誰だって、イチローになれる

ここまでが、僕の考えた「共感プレゼン」の紹介となります。

〝私たちごと〟を生みだす「共感シナリオ」
欠落を残して想像を誘う「共感スライド」
弱みをさらけ出して味方にする「共感トーク」
繰り返して五感に刷り込む「共感トレーニング」

あまりにも当たり前の内容ばかりで、もしかしたらガッカリしたかもしれません。

しかし、聞き手の心を動かす共感プレゼンを実践するのに、裏技も近道もありません。ただ同時に、もう道に迷うこともないはずです。トレーニングを重ねるほど確実に前に進んでいきます。そして、あなたの未来を変えることができるのです。

ここまで読んでも、「私には無理じゃないか」と不安を感じたら、改めて第1章を読み返してみてください。

赤っ恥、離婚、部下の離反に営業連敗……。

僕は、今振り返っても胸が苦しくなるような失敗ばかり重ねてきました。ただその悔しさや苦しさを通して、共感こそが必要であると学びました。仕事でも私生活でも、共感プレゼンを実践するようになったら、少しずつ運や縁に恵まれるようになり、プレゼンの天下一武道会と呼ばれる大会で、日本一になったのです。

優勝できたことも非常にうれしかったのですが、同時に会場にいた聞き手のみなさんに共感してもらえたことが、何よりもうれしかった。

イチローさんの活躍する姿を見て僕が感動したように、僕の言葉に共感してくれた人がたくさんいたのです。涙を流し、人生が変わったと話してくれた人もいました。

努力をした結果、何かができるようになる人のことを天才と言うのなら、僕にも、そしてみなさんにも、天才になるチャンスは平等にあります。

ぜひ、トレーニングを重ねてシナリオ、スライド、トークの腕を磨いて、聞き手の心を動かす「共感プレゼン」の天才になってください。

「共感トレーニング」まとめ

- 自分のプレゼンと共通点の多いものから心から共感できる動画を見つけて、繰り返し見よう。

- 目指すのは、時間を超過せずにスクリプトを見ないで話せることと、自分の悪い癖を直すこと。

- プレゼンの「本番当日」と「直前」、プレゼンを終えた「直後」にそれぞれ最適のトーニング方法を実践しよう。

終章

これからの時代に必須の
「共感」というスキル

プレゼンは
誰のために

「み、三輪さんは、何のために、誰のために、プレゼンしてるんですか」

以前、僕の講義を受けた大学生からこんな質問をもらったことがありました。

彼の額には汗が浮かび、声は震え、目線も下を向いたまま。人と話すのが苦手なのかと感じました。自分の思いに共感してもらえなかった苦い失敗の経験があるのかもしれません。

彼の姿は、かつての僕と重なって見えました。

伝えたいことがある。共感してもらいたいことがある。そのために変わりたい。それなのに、共感してもらえるような話し方が分からない。かつての自分と再会したような懐かしい気持ちになったのです。

僕がなぜ、「共感プレゼン」が必要だと思ったのか。

プレゼンのスキルを磨いた結果、どんな未来をつかむことができたのか。そして今、改めて何のために、そして誰のために、プレゼンをしているのか。そんなことを丸ごと彼に伝えたくなりました。

「少し長くなりそうだけど、大丈夫？」

そう前置きをして、僕がプレゼンを続ける理由を語り始めたのです。

プレゼンは「自分」のために

あなたは、自分が何かに挑戦し始めたきっかけや、今の仕事を選ぶようになった原体験を覚えていますか。

仕事の量が増えて忙しくなると、つい原点を見失いがちになります。

僕も時々、何のために働いているのか分からなくなることがあります。自分の過去、自分の未来に共感できなくなるのです。

そんな時にプレゼンの機会をもらって、自分のこれまでの歩みを人前で話すと、自然と原体験を思い返し、プレゼンを終えた頃には「明日も頑張ろう」という前向きな気持ちになっていました。

さらに、プレゼンでは未来についても話しますから、自然に考えが整理されます。頭の中に漠然とあった未来像を、実際にスライドで形にし、聞き手に伝わるような言葉を考えていくと、思考の段階では抜け落ちていたポイントがクリアになり、事業の計画や未来のビジョンが研ぎ澄まされていきます。

それだけではありません。自分のプレゼンを撮影して見返すと、自分の言葉に共感する瞬間があるのです。自分で自分を応援したくなる。そして自分のことを、それまでよりも少しだけ好きになれるのです。

つらく苦しかった過去の経験を、成功に向かう物語に変え、弱さや失敗をさらけ出して次に生かす率直な姿を見せることは、自分という最初の聞き手の心を動かし、味方にするための大事な行為でもあります。

共感プレゼンを通して、僕は少しずつですが、自分自身を肯定し、心や生き様に素直に寄り添うことができるようになりました。

プレゼンは自分の未来に共感し、決意を固める時にも役立ちます。強い不安を抱きながらも、僕がバングラデシュへ移住することを決めた時もそうでした。

「大好きな国に、移り住みます」。そんなプレゼンを繰り返し、自分の言葉に自分が共感して、少しずつ心を固めていったのです。


「身体が前に進まなくても、言葉だけでも前に進めよう」


これは大切な人にもらった言葉です。

言葉にすると気持ちが固まり、これまで踏み込めなかった行動に移せるようになる。時には過去を振り返って原点に共感したり、時には未来に向けた言葉に共感して自分の気持ちを固めていったりする。

そんな効果があるから、プレゼンは何よりも、僕にとって欠かせないのです。

プレゼンは「仲間」のために

2017年2月、プレゼンの天下一武道会と言われる「ICCカタパルト・グランプリ」に登壇することが決まった時、僕は不相応とは感じつつも、どうしても優勝したいと思っていました。

自分のためにではありません。仲間のためにどうしても優勝したかったのです。具体的には、いつも僕を支えてくれるe-Educationの仲間たちのために、どうしても勝ちたいと考えていました。

プレゼン大会に出場する半年前の2016年7月、僕はバングラデシュのテロ事件の影響で、しばらく仕事ができない状態に陥っていました。テロが起こった場所は、当時の僕が滞在していたホテルから決して遠くはないレストラン。日本人も巻き込まれ、被害者の中には僕の知り合いもいました。

僕たちe-Educationは、バングラデシュで多数の高校生を支援し、同国の難関国立大学に進学する手助けをしてきました。テロ事件が起こるまで、僕は「バングラデシュの若者の未来をつくることができた」と誇りに感じていました。

しかし、テロ事件の犯人が分かった時、そんな自信が足もとから崩れ去ったのです。なぜならテロ事件に加担した一部の若者は、大学に進学するような成績の優秀な若者だったからです。

僕のやってきたことはムダだったのだろうか。テロ事件に加担するような若者を育てたのかもしれない——。

安全を求めて帰国しましたが、自責の念は強くなるばかりで、悔しさや無力感が募って、ついにはうつ病を発症。

事件後1〜2カ月の間は、笑うこともできませんでした。

テロ事件から2カ月後に一度、職場に戻りましたが本調子ではなく、「もう代表を降りよう」と思い詰めていました。

そんな状態で働こうとする僕に、仲間たちは「三輪さんはまだ休んでいてください。絶対に仕事をしちゃいけません」と休職命令を出してくれたのです。

たった5人の組織です。僕が休めば、残る4人の負荷が増えることは目に見えています。それなのに、僕がうつ病で寝込んでいた2カ月の間、仲間たちは文句も言わずに助けてくれたのです。その上、さらにもう1カ月休めと言ってくれました。

仲間の配慮がありがたく、涙が止まりませんでした。おかげで僕は時間をかけて心の傷を癒やすことができました。

休んでいる間も、気持ちは揺れ動いていました。経営者としての僕は、治安が悪いバングラデシュで教育支援を続けるリスクを考え、「今はバングラデシュ以外の国に注力するべきだ」と考えていました。

一方で、個人としての僕は一刻も早くバングラデシュに戻り、現地で支えてくれた仲間たちと再会し、改めてもう一度、教育事業に貢献できないかと考えていました。

テロ事件を通して僕は心に傷を負い、これまでのe-Educationの活動が崩れ去ったような錯覚を抱いていました。それでもやはりもう一度、僕は現地で彼らの教育に貢献したいと思っていたのです。

休職が明けた後、僕は「バングラデシュに戻りたい」と仲間に打ち明けました。するとみんなが、「そんなこと分かっていますよ。思う存分、挑戦してきてくださいね」と笑って送り出してくれたのです。

プレゼンの天下一武道会に出場する少し前の出来事でした。

「最高の仲間たちのために、最高のプレゼンをしたい」

素晴らしい仲間に背中を押してもらい、e-Educationの活動を続けてこられました。そんな団体の存在を、少しでも多くの人に知ってもらいたい。だから優勝したかったのです。

本番で考えていたのは、仲間のためにプレゼンをするということ。彼らの思いに何としても応えたいという一心でした。すると、いつも以上の力が湧き、初めての優勝を獲得することができたのです。

これからも仲間のために、いいプレゼンができるよう頑張ろうと心に誓いました。

あなたの周りには、どんな仲間がいるのでしょうか。

プレゼンの準備をしていると、どうしても自分のことばかりに目が向き、周りの人への感謝の気持ちを忘れてしまいがちです。

しかし、忘れないでください。両親。友人。恋人。同僚。先輩。後輩。あなたのプレゼンを応援してくれる仲間は、決して少なくないはずです。この仲間以上に、あなたに共感してくれる存在はいないのです。

そして僕が苦しかった時に仲間が助けてくれたのは、僕が強く正しいリーダーだったからではありません。弱くて何度も失敗する等身大の人間だったからこそ、みんなが共感し、味方になってくれたのです。

シナリオ作りやトークのキャラクター設定など、共感プレゼンを作る過程では、何度も自分自身のつらく苦しかった過去を振り返る必要があります。

これが難しければ、まずは仲間に話を聞いてもらうところから始めましょう。いきなりプレゼンの聞き手に弱みや失敗をさらけ出す前に、まずは仲間に打ち明け、そして受け入れてもらうのです。

最も身近な人につらい経験や失敗、過ちを受け入れてもらえれば、プレゼンでもそれを話す自信がつくはずです。そしてあなたの言葉は、今まで以上に聞き手に刺さるものになるでしょう。

誰からも共感されないのではないかと不安に思う時ほど、仲間のためにという気持ちでプレゼンしましょう。すると、いつも以上の力が出てくるものです。

プレゼンは「社会」のために

僕がプレゼン大会で優勝したことを喜んでくれたのは、日本の仲間だけではありませんでした。海外の仲間たち、特にプレゼンでも紹介したバングラデシュの仲間たちが心から喜んでくれたのです。

実は大会の2日前、僕はバングラデシュにいました。そして帰国直前、プレゼンの内容を現地の仲間に披露しました。

　バングラデシュで遭遇したテロ事件で心に傷を負ったこと、それを通して現地の若者たちの悩みを今まで以上に受け止めていかなければならないと腹を括ったこと、そして、それを実現するにはCo-Creation（共に社会をつくること）が必要であると痛感していること。

　プレゼンを終えると、現地のリーダーであるマヒンが僕の手を握って言いました。

「俺の思いも託していいかな」

　彼も僕と同じ夢を抱いていました。もう二度とテロ事件が起こってほしくないと心から願っており、そのためには今まで以上にバングラデシュの若者に希望を届けなければならない。そんな決意をしていたのです。

　彼だけでなく、現地の仲間たち全員の思いを受けて、僕はプレゼンに挑みました。

　大会前日にも、バングラデシュの仲間たちから応援メッセージをもらいました。彼らの思いを力に、僕たちが願う社会を実現するために最高のプレゼンにしたい。そんな気持ちが僕の背中を押してくれました。

「大好きな仲間のために。目指す社会のために」

今までのどのプレゼンよりも思いを込め、それが優勝につながったのだと思います。

そして、未来が変わりました。

僕のプレゼン動画をNHKの方が見て、ドキュメンタリー番組『明日世界が終わるとしても』の製作が決まりました。プレゼンの内容に心から共感してもらい、バングラデシュの暗いニュースではなく、希望にあふれる明るいメッセージを撮ったドキュメンタリー番組が放送されることになったのです。

1時間近い長編ドキュメンタリーが放送された日は、SNSの通知が鳴り続けました。僕は怖くてすぐに見ることができず、翌日緊張しながらスマートフォンを開きました。

「めっちゃよかった！　バングラデシュの人たち、最高だね！」

「開人、頑張ってるね。バングラデシュの若者を見て、俺も元気をもらったよ」

「バングラデシュの若者と熱く活動をする三輪さんの姿に感動しました」

幼なじみや野球部の仲間、大学時代の仲間やJICA時代の同僚。e-Educationの活動を応援してくれている方々や一緒に同じ夢を追いかける仲間たち、そして両親からもとても温かい言葉が届きました。

涙が止まりませんでした。

プレゼンが、僕の未来を変えてくれました。

社会を動かすのは、「人」です。そして人を動かすのは、正しさや論理ではなく、心を揺さぶる「共感」です。

だとしたら、先の見えない不安な未来を変えるために、僕たちが一番養わなくてはならないスキルは、人の心を共感によって動かしていく力なのではないでしょうか。

プレゼンには、社会を変える力があります。目指す社会に近づく力があります。自分一人では変えることができなくても、共感を武器に聞き手の心を動かし、彼らが味方になってくれれば、社会を変える大きな力になり得るのです。

あなたは、何のために、誰に共感してもらいたくて、プレゼンをするのですか？

これから訪れる共感時代に向けて

「今こそ、共感の力がもっと必要になる」

そう提唱しているのは、中国最大のインターネット会社アリババを創業者のジャック・マーさんです。2018年、日本を訪れた彼は、早稲田大学で開催されたトークイベントで、「これからのリーダーには3つのQが必要だ」と話しました。

・IQ (Intelligence Quotient)……知能指数。高ければ成功はたやすい

・EQ (Emotional Intelligence Quotient)……心の指数。苦難を乗り越えられればチャンスは広がる

・ＬＱ（Love Quotient）……愛の指数。成功することが愛されることではない。愛される人間になるべき

ＩＱが高ければ十分という時代は、もう終わりました。

ＩＱよりも大切なのは、他者の感情に共感することのできるＥＱや、自分自身に共感してもらうＬＱである。これが正解のない時代のリーダーに必須のスキルだと、ジャック・マーさんは主張しています。

そしてこの言葉は、新型コロナウイルスの感染拡大によって、世界中の人々が分断の危機に直面している今だからこそ、より胸に響くものがあります。

「今、国は何をすべきか、会社は何をするべきなのか」

一つの正義を掲げても、それがほかの正義と対立することは、これから先もきっとあるでしょう。世界が多様性にあふれるほど、さまざまな意見や立場の人が増え、彼ら全員が完全に納得する「解」を見つけることはほぼ不可能になります。

誰かの正論は、別の立場の人から見れば正論ではなくなります。誰かの強さが、意図せずとも弱い立場の誰かを追い詰めることだってあるでしょう。

先の見えない時代を生きる僕たちにとって、正しさや強さは、もはや一面的なものでしかないのです。別の角度から見れば、それは全く違う意味を持つのですから。


ではこの先、僕たちの旗印となるものは何か。

それは正しさでも強さでもありません。

そうではなく、異なる立場の人々に寄り添い、共感し合う力ではないでしょうか。

人の心が動き、共感し合えるからこそ、未来が変わっていく。

正解のない時代、僕たちは今まで以上に失敗や挫折を重ねるはずです。昨日は正解だったことが、明日にはもう間違いになる可能性だってあります。

予測不可能な未来だからこそ、僕たちは家族や同僚、仲間、そして社会の人々と協力し、手を携えて生きていかなくてはなりません。

少なくとも、仲間がいれば何度つまずいても、一緒に立ち上がることができるはずです。そして、そんな協力者を得るための最強の武器が「共感プレゼン」なのです。

これはビジネスパーソンに限った話ではありません。

大学受験に挑む高校生や就職活動に挑戦する大学生、そして毎日、仕事や子育て、介護といった日常生活に苦戦する人々も、共感を軸にしたコミュニケーションができるようになれば、きっと取り巻く人間関係はより豊かになるはずです。

誰だって不安を抱いています。そして誰もが、一人では生きていけないのです。

それでも僕たちは共感を軸に互いを理解し合い、支え合うことができるはずです。

そのための「共感プレゼン」は、これからの時代、あらゆるビジネスパーソンや社会人に必須のスキルになると、僕は考えます。

決して難しくはありません。才能も必要ありません。

必要なことは共感すること、そして共感してもらうこと。これだけです。

おわりに

「僕のような人間が、プレゼンの本を書いてもいいんでしょうか」

出版の話があった2020年1月、僕は悩んでいました。これまでプレゼンの書籍を出してきた人たちと比べると、僕の実績は圧倒的に少なく、自信もありませんでした。もう少し経験を積んだ後の方がいいのではないかと心配になったのです。

そんな中、新型コロナウイルスが世界を襲いました。

この本を執筆している2020年6月、ようやく日本政府の緊急事態宣言は解除されましたが、外出自粛要請は続いています。日本だけではありません。僕の大好きなバングラデシュをはじめ、世界中に新型コロナウイルスは広がり、国境は閉鎖、国家間の分断は加速し、人と人のつながりも途切れつつあります。

これまでつながっていた人たちとの関係が薄れ、大切な人が何を考えているのか、互いに共感し合える機会が恐ろしいスピードで失われていきました。人と人のつながりが分断されてしまう。そんな危機感を募らせる中で、改めて「共感プレゼン」の必要性を感じるようになっていきました。

ロジックで人の心は動きません。どんなに強さや正しさをふりかざしても、人の行動を変えることはできません。そのためには話し手が自分をさらけ出し、聞き手の心を揺さぶらなくてはならない。僕は過去の苦い経験からそれを学んでいました。

世界が分断されそうな今こそ、「共感プレゼン」をうまく使ってもらいたい。そう強く感じるようになったのです。

人間としてはまだまだ未熟ですが、だからこそ弱みや失敗をさらけ出し、読者のみなさんにスッと理解してもらえるかもしれない。

そんな祈りを込めて、猛然と原稿を書き上げていきました。

今、不安を抱えている人たちが、「共感プレゼン」を活用して、もっと自分らしく人とつながることができるように。共感によって、大切な人の行動が、願う方向へ変わっていけば、これほどうれしいことはありません。

本書を世に出すきっかけを与えてくれた編集者の日野なおみさんには大変お世話になりました。執筆中、日野さんがずっと僕に共感してくれたおかげで「共感プレゼン」の必要性を再認識することができました。日野さん、そしてダイヤモンド社のみなさまには、この場を借りて感謝の気持ちをお伝えしたいです。

プレゼンの天下一武道会「カタパルト・グランプリ」主催者であるＩＣＣパートナーズ代表の小林雅さんにも心から感謝を。実績も自信もない当時の僕の背中を押し、プレゼンの機会をいただかなければ、この本が生まれることはありませんでした。

そして、e-Education の仕事を通じて出会った国内外の仲間たちへ、最大限の感謝を。自分の未熟さのせいで何度も迷惑をかけてきましたが、そんな僕を受け入れ、いつも応援してくれるみんながいてくれたからこそ、僕は「共感プレゼン」にたどり着くことができました。いつも本当にありがとう。

本書を手に取ってくださったみなさん、本当にありがとうございます。みなさんが「共感プレゼン」で未来を切り開くことを、心から応援しております。

最後までお読みいただき、本当にありがとうございました。

二〇二〇年七月

三輪　開人

巻末特典

参考にしたい！

手本になる身近な賢人のプレゼン

01 税所篤快 氏 NPO法人e-Education創業者

第1回みんなの夢AWARD2010の優勝者であり、今、僕が代表を務めるe-Educationの創業者でもある税所くん。彼のこのプレゼンを見て、「もっとうまくなりたい」と嫉妬するほど感動しました。

https://www.youtube.com/watch?v=w7iXzMvxp4Q

02 垣内俊哉 氏 株式会社ミライロ代表取締役社長

第3回みんなの夢AWARDの優勝者である垣内俊哉さん。障害者の目線から、誰もが安心して快適に過ごすことのできるユニバーサルデザインを提案する会社の代表で、障害を価値に変える発想と強い思いの詰まったプレゼンは圧巻。

https://www.youtube.com/watch?v=QnByjq_Uzfg

03 教来石小織 氏 NPO法人World Theater Project理事長

第5回みんなの夢AWARDで優勝者した教来石小織さん。カンボジアの貧しい子どもたちに映画を届けています。柔らかく優しいトーンで進むプレゼンを見て、熱く語ることだけが共感させる方法ではないと学びました。

https://www.youtube.com/watch?v=0fwQutJBkQ8

04 武藤真祐 氏 医療法人社団鉄祐会 祐ホームクリニック理事長

第1回社会イノベーター公志園で優勝された武藤真祐さん。なぜ在宅医療専門のクリニックを立ち上げ、どんなことに挑戦しているのかを語っています。落ち着いたペースで始まったプレゼンが、途中でガラッと空気の変わる瞬間は、鳥肌がたちました。トークの緩急の付け方が非常に参考になるプレゼンです。

https://www.youtube.com/watch?v=oqoFschmjSc

05 松田悠介 氏 認定NPO法人Teach for Japan創業者

第1回社会イノベーター公志園に出場された松田悠介さん。教育界の松岡修造と言われるほど熱い方ですが、もとは自分に自信がなく、ある先生との出会いで自信が生まれ、それが今の活動につながったストーリーが鮮明に語られています。
https://www.youtube.com/watch?v=snilXAt2y3s

06 谷川 洋 氏 認定NPO法人アジア教育友好協会(AEFA)理事長

第4回社会イノベーター公志園に出場されたアジア教育友好協会(AEFA)の谷川洋さん。還暦を迎えた後、アジアで学校をつくる活動を始め、これまで200以上の学校を作っています。トークの柔らかさと言葉の重さが勉強になります。
https://www.youtube.com/watch?v=u4Mp6GPXK6I

07 今井紀明 氏 認定NPO法人D×P理事長

通信制高校・定時制高校に通う学生に対してキャリア教育などさまざまなプログラムを提供している今井紀明さん。冒頭の挨拶からとても明るい印象でお話をするのですが、途中、今井さんのカミングアウトには確実に誰もが驚きます。このギャップの生かし方が参考になりました。
https://www.youtube.com/watch?v=s9N0uKUwy7c

08 駒崎弘樹 氏 認定NPO法人フローレンス代表理事

病児保育・小規模保育を手がける駒崎さんのプレゼンのすごさは絞ること。時間を守り、魅力的な話を思い切ってカットすることはなかなかできません。言いたいことがありすぎて時間通りに終わらない人は、ぜひ参考にしてください。
https://www.youtube.com/watch?v=KMRfUw3A5n4

09 三好大助 氏 アーティスト/ファシリテーター

グラミン銀行で学生時代インターンをしていた三好大助さん。TEDでは、バングラデシュで学んだことを丁寧に話しています。見どころはラストスパートの部分。言葉の抑揚を体に染み込ませて本番に挑んだと感じるほど、一つひとつの言葉に力があります。
https://www.youtube.com/watch?v=sOCGqqzatXg

10 薄井大地 氏 NPO法人e-Education元事務局長

e-Education元事務局長でもある薄井大地くん。彼はプレゼンの王道とも言える、挫折経験から始まる物語をプレゼンで語りません。それでも物事の捉え方や話の切り込み方がユニークで気がつけば話に引き込まれ、勉強になります。
https://www.youtube.com/watch?v=guP-4trO_1I

11 植松 努 氏 株式会社植松電機代表取締役社長

植松電機の社長である植松努さんのプレゼンは登場シーンだけを見ると少し不安になります。しかしいざ話し始めると、植松さんの言葉が驚くほど刺さり、涙が込み上げます。話が得意でなくても聞き手の心を揺さぶり、共感してもらうことはできると学んだ素晴らしいプレゼンです。
https://www.youtube.com/watch?v=gBumdOWWMhY

12 長岡秀貴 氏 認定NPO法人侍学園スクオーラ・今人理事長

長岡さんのプレゼンは、最初の数分間、本題から全く外れた話が続き、聞き手は想像を裏切られるはずです。それでも想定時間内に話をまとめるのが長岡さんのすごいところ。余白やユーモアというスパイスの使い方が勉強になります。
https://www.youtube.com/watch?v=EzXvih454dM

13 小室淑恵 氏 株式会社ワーク・ライフバランス代表取締役社長

一人目の出産直後に小室さんが育児に悩んだり、夫と激しく大喧嘩したりといったエピソードなど、個人の体験談から話し始め、長時間労働という日本社会の課題に発展する導入部分はまさにプレゼンのお手本。社会課題を数字ではっきりと説明する点も参考になります。共感と納得のバランスが取れた教科書のようなプレゼンです。
https://www.youtube.com/watch?v=sd6OLoQW0hY

14 BLACK 氏 ヨーヨーパフォーマー

2013年、アメリカ・カリフォルニアのTEDカンファレンスで、日本人唯一のプレゼンターとして登壇したヨーヨーパフォーマー、BLACKさん。人の心をつかむ方法は、必ずしも言葉だけではないと、ぜひ確かめてみてください。僕が何十回も見直した大好きなプレゼンです。
https://www.youtube.com/watch?v=as_UuzbcGGQ

15 鶴田浩之 氏 株式会社LABOT代表取締役

この動画で、鶴田さんがプレゼンしていたのはなんと20歳の時。若いけれども落ち着いたプレゼンで、IVS 2011 Fall Launch Padで優勝しました。若くても、経験差を埋めるほどの戦略や工夫、練習を重ねたことが伝わってくる動画です。
https://www.youtube.com/watch?v=SuTIs980OfY

16 重松大輔 氏 株式会社スペースマーケット代表取締役社長

力のある言葉とスピード感あふれるプレゼンの重松さん。「明るい」「元気」と言われるキャラクターの人に参考になるポイントが多いはずです。またサービスの事例紹介では、叔母という身近な存在のケースを通して概要を伝えている点も非常に分かりやすいです。
https://vimeo.com/101026945

17 杉江 理 氏 WHILL株式会社代表取締役兼CEO

次世代型電動車椅子WHILLを開発する杉江さん。言葉に力があり、ユーザーの声が詰まったデモ動画も胸に刺さります。最も心が動いた瞬間は、杉江さんがWHILLに乗って会場に入った瞬間。百聞は一見にしかずを体現したプレゼンです。
https://vimeo.com/101023045

18 金谷元気 氏 akippa株式会社代表取締役CEO

IVS 2014 Fall Kyoto Launch Padで優勝した金谷さん。優勝の後、個人ブログにプレゼンの練習方法などを公開しています。動画で特に参考になったのが最初の30秒。ひと言のムダもなく自社のサービスを30秒で説明しきるプレゼンは、多くの人のモデルになるはずです。
https://vimeo.com/115464404

19 宮田昇始 氏 株式会社SmartHR代表取締役CEO

クラウド労務ソフトを提供する宮田さん。プレゼンの完成度が非常に高く、また宮田さんのプレゼンには鉄板とも言える導入部分があり、初めての人は驚き、2回以上聞いている人も思わず笑ってしまいます。聞き手との接点の作り方が非常に参考になります。
https://vimeo.com/189285838

20 安田瑞希 氏 株式会社ファームシップ代表取締役

安田さんは、植物工場について必要な情報に絞って説明しており、話を聞き終えると植物工場のビジネスの大きさがすんなりと理解できます。安田さんのすごさは問いを想定する力。聞き手が知りたいことを的確に捉え、必要な情報を過不足なく届ける力は、プレゼンでとても重要な技術です。

https://vimeo.com/183766127

21 加藤史子 氏 WAmazing株式会社代表取締役社長CEO

加藤さんのプレゼンで勉強になったのは、「無料の魔法」「手の中の旅行エージェント」といったキャッチーな言葉の数々。サービスやマーケティングを短時間で魅力的に紹介する時に、加藤さんの言葉選びはとても参考になります。

https://www.youtube.com/watch?v=tP8EfcVO2dE

22 吉藤オリィ 氏 株式会社オリィ研究所代表取締役CEO

第4回みんなの夢AWARDの優勝者でもある吉藤さんがプレゼンで扱うテーマは「孤独の解消」。こんな重いテーマなのに、ユーモアと吉藤さんならではの話の進め方で、会場には終始笑いが起こります。明るい未来やちょっとした笑いをプレゼンに入れるだけで、聞き手が仲間になる可能性が増えることを学べます。

https://www.youtube.com/watch?v=TK3Tdyd-HTg

23 村田早耶香 氏 認定NPO法人かものはしプロジェクト共同創業者

アジアの児童売春問題の解決に挑む村田さん。柔らかい言葉の中に、固く強い意思が込められています。深刻な課題解決に挑戦しているすべての人にとって、参考にしてほしいプレゼンです。

https://www.youtube.com/watch?v=CIYbrbpIErc

24 川口加奈 氏 認定NPO法人Homedoor理事長

ホームレス問題の解決に向けて大阪で活動する川口さん。彼女のすごさは、圧倒的な場数を重ねることによって生まれた自然体の話しぶり。目の前の人とおしゃべりするように、大人数に話しかけるスタイルは、多くの人のモデルになるはずです。

https://www.youtube.com/watch?v=Byt9tsRMMcE

25 村岡浩司 氏 株式会社一平ホールディングス代表取締役社長

「世界があこがれる九州をつくる」ことに挑戦する村岡さん。プレゼン後の個人ブログに「九州の農家さん、地元の仲間たちのために」とあり、誰のためにプレゼンしているのかがよく分かります。思いの強さが人の心を動かすという学びのあるプレゼンです。

https://www.youtube.com/watch?v=nqFySR82AoM

26 宇井 吉美 氏 株式会社aba代表取締役

ICC FUKUOKA 2020の「リアルテック・カタパルト」で優勝された宇井さん。高度な排泄センサーを用いたサービスについて、性能自体を宣伝するのではなく、どんな課題を解決できるのか、情景が思い浮かぶよう、誰でも分かる言葉に「翻訳」しながらプレゼンしており、とても勉強になりました。

https://www.youtube.com/watch?v=iDNT6HWsc6s

27 杉山文野 氏 トランスジェンダー活動家

杉山さんのすごさは、一つひとつの言葉の選び方にあります。「7.6%」という数字を「神奈川県の人口よりも多い」と身近な言葉に置き換えることで、セクシャルマイノリティの現状を誰もがスッと理解できるように工夫してます。難しい事象や複雑な社会課題についてプレゼンする人にぜひ参考にしてほしい動画です。

https://www.youtube.com/watch?v=t3MMsIG94cI

28 藤原和博 氏 教育改革実践家

藤原先生がグロービスでしたプレゼンは実に1時間以上。この長さになると、話の組み立て方や進め方もガラッと変える必要があります。長時間、聞き手を飽きさせないためにはあえて横道にそれたり、聞き手に質問を投げかけたりと、さまざまな工夫が必要になります。そのヒントがたくさん詰まっています。

https://www.youtube.com/watch?v=9VSx2PkoiEw

29 孫 正義 氏 ソフトバンクグループ株式会社代表取締役会長兼社長

最後に紹介したいのは、孫会長が「トビタテ！留学JAPAN」の壮行会で大学生に送ったメッセージ。ここで強調したいのは、孫会長のように日本で最も忙しい経営者が、大学生のために時間をつくり、独自のプレゼンを組み立てていること。人の心を動かす最高のプレゼンは、目の前の人のためにベストを尽くすことから始まります。

https://www.youtube.com/watch?v=xTZRj-as2WI

［著者］

三輪開人（みわ・かいと）

NPO法人e-Education代表

1986年生まれ。早稲田大学法学部在学中に、同大学の後輩とともにNPO法人e-Educationの前身を設立。大学卒業後は、JICA（国際協力機構）で東南アジア・大洋州の教育案件を担当。2013年10月に退職し、e-Educationの活動に専念。2014年7月に同団体の代表へ就任。バングラデシュをはじめとした途上国14カ国で3万人の中高生へ映像授業を届けてきた。2016年、アメリカの経済誌「Forbes」のアジアを牽引する若手リーダー「Forbes 30 under 30 Asia」に選出。 2017年にはプレゼンの天下一武道会と呼ばれる「ICC FUKUOKA」の「第一回カタパルト・グランプリ」で優勝。以後、全国から講演やセミナーの依頼が殺到。大手企業の経営者から大学生まで幅広い層の「話し方」の改善に貢献している。NHKドキュメンタリー番組『明日世界が終わるとしても』などメディア出演多数。

100％共感プレゼン

――興味ゼロの聞き手の心を動かし味方にする話し方の極意

2020年7月29日　第1刷発行

著　者――三輪開人

発行所――ダイヤモンド社

〒150-8409　東京都渋谷区神宮前6-12-17

https://www.diamond.co.jp/

電話／03･5778･7233（編集）　03･5778･7240（販売）

装丁･本文デザイン―小口翔平、岩永香穂、大城ひかり（tobufune）

ＤＴＰ―――河野真次（SCARECROW）

校正―――聚珍社

製作進行――ダイヤモンド・グラフィック社

印刷・製本―勇進印刷

編集担当――日野なおみ

ISBN 978-4-478-11103-1